AF098895

www.ingramcontent.com/pod-product-compliance
Lightning Source LLC
LaVergne TN
LVHW020438080526
838202LV00055B/5253
* 9 7 8 8 1 1 9 0 2 2 5 2 6 *

ہجرت کی تعریف و تفصیل

مصنف:

فضیلۃ الشیخ عبدالعزیز بن صالح الجربوع

اردو ترجمہ:

محمود الحسن الجمیری

© Taemeer Publications
Hijrat ki taareef o tafseel
by: Abdul Aziz bin Saleh
Edition: March '2023
Publisher & Printer:
Taemeer Publications, Hyderabad.

ISBN 978-81-19-02252-6

9 788119 022526

مصنف یا ناشر کی پیشگی اجازت کے بغیر اس کتاب کا کوئی بھی حصہ کسی بھی شکل میں بشمول ویب سائٹ پر اَپ لوڈنگ کے لیے استعمال نہ کیا جائے۔ نیز اس کتاب پر کسی بھی قسم کے تنازع کو نمٹانے کا اختیار صرف حیدرآباد (تلنگانہ) کی عدلیہ کو ہو گا۔

کتاب	:	**ہجرت کی تعریف و تفصیل**
مرتب	:	**عبدالعزیز بن صالح**
صنف	:	مذہب
ناشر	:	تعمیر پبلی کیشنز (حیدرآباد، انڈیا)
زیر اہتمام	:	تعمیر ویب ڈیولپمنٹ، حیدرآباد
سالِ اشاعت	:	۲۰۲۳ء
تعداد	:	(پرنٹ آن ڈیمانڈ)
طابع	:	تعمیر پبلی کیشنز، حیدرآباد -۲۴
صفحات	:	۶۰
سرورق ڈیزائن	:	تعمیر ویب ڈیزائن

بسم اللہ الرحمٰن الرحیم

فہرست مضامین

		#
	مقدمہ	1
	پیش لفظ	2
	دار سے کیا مراد ہے؟	3
	دار کی اقسام؟	4
	ہجرت کی لغوی و شرعی تعریف؟	5
	دار الکفر سے دارالاسلام کی طرف دعوت کا حکم	6
	مہاجر کے چار حالات	7
	چوتھی حالت سے متعلق پہلی بات	8
	چوتھی حالت سے متعلق پہلی بات	9
	راجح قول	10
	دین کے غلبہ کا کیا مقصود ہے؟	11
	ہجرت کی راہ پر بنیادیں	12
	اختتام	13
	کیا کوئی شہر دارالسلام سے دارالکفر بنا سکتا ہے؟ ﴿شیخ حمد بن عتیق رحمہ اللہ﴾	14

مُقَدَّمَہ

اَلْحَمْدُ لِلّٰہِ نَحْمَدُہٗ وَنَسْتَعِینُہٗ وَنَسْتَغْفِرُہٗ وَنَعُوذُ بِاللّٰہِ مِنْ شُرُورِ أَنْفُسِنَا وَمِنْ سَیِّئَاتِ أَعْمَالِنَا مَنْ یَّھْدِہِ اللّٰہُ فَھُوَ الْمُھْتَدُ وَمَنْ یُّضْلِلْ فَلَنْ تَجِدَ لَہٗ وَلِیًّا مُّرْشِدًا وَأَشْھَدُ اَنْ لَّا اِلٰہَ اِلَّا اللّٰہُ وَحْدَہٗ لَا شَرِیْکَ لَہٗ وَاَشْھَدُ اَنَّ مُحَمَّداً عَبْدُہٗ وَرَسُولُہٗ .اَمَّا بَعْدُ

مسلم معاشرے میں ابھرنے والے دین اسلام سے متنفّر نام نہاد مسلمانوں کے کردار وعمل سے مسلمان بہت ہی بیزار آ چکے ہیں مگر ان کے ساتھ رہنے پر مجبور بھی ہیں۔ یہ لوگ کہتے ہیں کہ مسلمانوں کو یورپ یا دیگر کافر و مرتد حکومتوں سے خطرہ نہیں ہے۔ نہ ہی یہود و نصاریٰ کے ساتھ رہنے میں قباحت ہے حالانکہ یورپ کے باشندے اور یہود و نصاریٰ ہمارے ساتھ نہیں رہ سکتے نہ ہی ان کا لا دین نظام حیات ہمارے ساتھ چل سکتا ہے۔ مسلم معاشرے میں رہنے والے دین کے یہ غدار کہتے ہیں۔ کہ یہود ونصاریٰ اور اسلام میں زیادہ دوری نہیں ہے بہت قربت ہے انہیں دوست بنایا جا سکتا ہے اس لیے کہ ہم میں اتنی طاقت نہیں کہ اپنا نظام ان کافروں و مرتدوں پر نافذ کر سکیں اس لیے کہ ان سے دوستی وتعلقات بھی ہیں۔ دراصل ان لوگوں نے نہ تو اسلام کی حقیقت کو سمجھا ہے نہ ہی اس کی گہرائی سے واقف ہیں۔ بلکہ ان کے غلط عقیدے کی وجہ سے ان کے ایمان میں گہرائی نہیں ہے بلکہ اس میں شدید کمی ہے۔ ان کا یہ کمزور ایمان اور عقیدہ انہیں وہ جنگ نہیں دیکھنے دیتا جو مسلمانوں اور ان کے دشمنوں کے درمیان بپا ہے اور ان لوگوں کے ساتھ بھی حقیقی مسلمانوں کی جنگ ہے جو بظاہر مسلمان کہلاتے ہیں (مگر حقیقت میں ایمان سے عاری ہیں) یہ دشمنوں کے نمک خوار مسلمانوں پر یہ بھی ظلم کرتے ہیں جب یہ کہتے ہیں۔ کہ مسلمانوں کا یہود و دیگر کافر نظاموں کے ساتھ ٹکراؤ صرف مادی مصلحتوں کی بناء پر ہے لہٰذا مادیت سے

قطع نظر ہمیں چاہیے کہ ان کے تحریف شدہ ادیان کا احترام کریں ان کی آزادئ رائے کی قدر کریں۔ اس لیے کہ ہماری سرحدیں مشترک ہیں۔ مفادات مشترک ہیں۔ اسلام بھی ہمیں ان سے اتحاد کی تعلیم دیتا ہے نہ کہ ان سے اختلاف کا۔ اسلام چاہتا ہے کہ۔ نصاریٰ اور مرتدین ایک ہی صف میں کھڑے ہوکر لا دینیت ، ظلم و استبداد کا مقابلہ کریں ۔ یہود و نصاریٰ جیسے بھی ہیں اہل کتاب تو ہیں ۔ اسلام سے مرتد ہونے والوں میں بھی کچھ نہ کچھ اسلام ہوگا یا پہلے تو مسلمان ہی تھے۔ اپنے ان خیالات کیلئے یہ لوگ دلائل تلاش کرتے پھرتے ہیں ۔ ایسی آیات ڈھونڈتے ہیں ۔ جن سے ان کے کمزور خیالات و آراء کی تائید ہو سکے دلیل کے طور پر یہ آیت پیش کرتے ہیں۔

پہلی آیت ہے۔

﴿ وَاِنْ جَنَحُوْا لِلسَّلْمِ فَاجْنَحْ لَهَا وَتَوَكَّلْ عَلَى اللّٰهِ اِنَّهٗ هُوَ السَّمِيْعُ الْعَلِيْمُ ﴾

(سورۃ الانفال: 21)

''اگر یہ لوگ صلح کے لئے آمادہ ہو جائیں تو آپ (صلی اللہ علیہ وسلم) بھی صلح کی طرف مائل ہو جائیں۔ اللہ پر بھروسہ کریں وہ سب کچھ سننے والا جاننے والا ہے''۔

دوسری آیت ہے۔

﴿ فَاصْدَعْ بِمَا تُؤْمَرُ وَاَعْرِضْ عَنِ الْمُشْرِكِيْنَ ﴾ (سورۃ الحجر:94)

''جو کچھ آپ (صلی اللہ علیہ وسلم) کو حکم دیا گیا ہے اسے پیش کریں اور مشرکین سے اعراض برتیں''۔

تیسری آیت یہ ہے۔

﴿ اَلْيَوْمَ اُحِلَّ لَكُمُ الطَّيِّبٰتُ وَطَعَامُ الَّذِيْنَ اُوْتُوا الْكِتٰبَ حِلٌّ لَّكُمْ وَطَعَامُكُمْ حِلٌّ لَّهُمْ ﴾ (سورۃ المائدہ: 5)

''آج تمہارے لیے حلال قرار دیئے گئے ہیں پاکیزہ کھانے اور ان لوگوں کے

کھانے جنہیں کتاب دی گئی ہے اور تمہارے کھانے ان کے لیے حلال ہیں''۔

اس طرح کے دلائل پیش کر کے اپنا نقطۂ نظر صحیح ثابت کرنا چاہتے ہیں۔مگر وہ یہ آیات بھول جاتے ہیں۔جن میں ان یہود و نصاریٰ سے جنگ کرنے اور اپنے رویے میں سختی پیدا کرنے کا حکم ہے۔جیسا کہ فرمان باری ہے۔

پہلی آیت

﴿ وَقٰتِلُوْهُمْ حَتّٰى لَا تَكُوْنَ فِتْنَةٌ وَّيَكُوْنَ الدِّيْنُ لِلّٰهِ فَاِنِ انْتَهَوْا فَلَا عُدْوَانَ اِلَّا عَلَى الظّٰلِمِيْنَ ﴾ (سورۃ البقرہ:193)

''ان سے جنگ کرتے رہو یہاں تک کہ فتنہ باقی نہ رہے اور دین صرف اللہ کے لئے ہو جائے۔اگر یہ لوگ (اپنی روش سے) رک جاتے ہیں۔تو زیادتی صرف ظالموں پر ہے''

دوسری آیت

﴿ وَاقْتُلُوْهُمْ حَيْثُ ثَقِفْتُمُوْهُمْ وَاَخْرِجُوْهُمْ مِّنْ حَيْثُ اَخْرَجُوْكُمْ ﴾

(سورۃ البقرہ:191)

''ان سے قتال کرو جہاں بھی انہیں پاؤ اور انہیں نکالو جہاں سے تمہیں نکالا ہے''۔

تیسری آیت

﴿ وَقَاتِلُوْهُمْ حَتّٰى لَا تَكُوْنَ فِتْنَةٌ وَّ يَكُوْنَ الدِّيْنُ كُلُّهٗ لِلّٰهِ فَاِنَّ اللّٰهَ بِمَا يَعْمَلُوْنَ بَصِيْرٌ ﴾ (سورۃ الانفال:39)

''ان سے قتال کرو یہاں تک کہ فتنہ باقی نہ رہے اور دین اللہ کے لئے ہو جائے اگر یہ لوگ باز آجائیں تو اللہ ان کے اعمال دیکھ رہا ہے''۔

چوتھی آیت

﴿ فَاِذَا لَقِيْتُمُ الَّذِيْنَ كَفَرُوْا فَضَرْبَ الرِّقَابِ حَتّٰٓى اِذَآ اَثْخَنْتُمُوْهُمْ فَشُدُّوا الْوَثَاقَ ﴾ (سورۃ محمد:4)

''جب (میدان جنگ میں) کافروں سے سامنا ہوتو گردنوں پر مارو جب خون بہالو تو پھران کو قید سخت کرلو''۔

پانچویں آیت

﴿ یَاَیُّھَا النَّبِیُّ جَاھِدِ الْکُفَّارَ وَالْمُنٰفِقِیْنَ وَاغْلُظْ عَلَیْھِمْ وَمَاْوٰھُمْ جَھَنَّمُ وَبِئْسَ الْمَصِیْرُ ﴾ (سورۃ توبہ:73)

''اے نبی (صلی اللہ علیہ وسلم) کافروں اور منافقوں سے جہاد کراوران پر سختی کران کاٹھکانہ جہنم ہے وہ بہت براٹھکانہ ہے''۔

چھٹی آیت

﴿ یَاَیُّھَا الَّذِیْنَ اٰمَنُوْا قَاتِلُوا الَّذِیْنَ یَلُوْنَکُمْ مِنَ الْکُفَّارِ وَلْیَجِدُوْا فِیْکُمْ غِلْظَةً وَاعْلَمُوْٓا اَنَّ اللّٰہَ مَعَ الْمُتَّقِیْنَ ﴾ (سورۃ توبہ:123)

''ایمان والوان کافروں سے قتال کرو جوتم سے ملتے ہیں۔اوروہ تم میں سختی پائیں جان رکھوکہ اللہ متقین کے ساتھ ہے''۔

ان کے علاوہ بھی آیات ہیں احادیث ہیں۔جو کفار،یہود،وغیرہ سے قتال کرنے پر دلالت کرتی ہیں۔انہیں چھوڑنے اور جب تک وہ ایمان نہ لائیں اس وقت تک قتال کا حکم دیتی ہیں ۔اگر ہم ان سے قتال کی طاقت نہیں رکھتے تو کم ازکم ان سے علیحدگی تو اختیار کرسکتے ہیں۔ان کے علاقوں اورملکوں سے ہجرت تو کرسکتے ہیں۔کتنی سادگی اور لاپرواہی ہے کہ ہم یہ خیال کریں کہ ہمارا اور ان کا راستہ ایک ہے ہم اہل کتاب سے مل کر کفار اور لادین لوگوں کو مقابلہ کریں۔حالانکہ جب مسلمانوں سے مقابلے کا وقت آتا ہےتو یہ سب مسلمانوں کے خلاف متحد ہوجاتے ہیں۔ان حقائق سے صرف وہ لوگ چشم پوشی کرسکتے ہیں۔جو یا تو انتہائی سادگی کا شکار ہیں یااس دور میں ان (کافروں کے) فیصلے نافذ کرنا ضروری سمجھتے ہیں۔یہ لوگ سمجھتے ہیں کہ ہمارے لیے ممکن ہے کہ اپنا ہاتھ ان (یہود ونصاریٰ) کے ہاتھوں میں دے دیں تاکہ ہم سب مل کر الحاد ولادینیت اور مادیت کا مقابلہ کریں اس

لیے کہ ہم (مسلمان اور یہود ونصاریٰ) آسمانی دین کے حاملین ہیں۔ یہ لوگ قرآن کی تعلیم بھول چکے ہیں تاریخ سے ناواقف ہیں۔ حالانکہ یہی یہود ونصاریٰ وہ لوگ ہیں جنہوں نے مشرکین کو مکہ اور مدینہ میں مؤمنوں کے خلاف متحد کرر کھا ہے جب سے اسلام کی دعوت کا سورج اس علاقے میں طلوع ہوا ہے بلکہ ہر وقت ہر آن یہ لوگ اسلام کے خلاف برسر پیکار ہیں۔ ان لوگوں نے صلیبی جنگیں دوسو سال تک مسلط کیے رکھیں انہی لوگوں نے اندلس میں مسلمانوں کے ساتھ توہین آمیز سلوک کیا۔ انہی لوگوں نے مسلمانوں کو فلسطین سے بے دخل کیا ان کی جگہ یہود کو بسایا۔ اس موقع پر ملحدین اور مادیت پرستوں کے ساتھ یہ لوگ متحد رہے ان سے تعاون کرتے رہے اب بھی یہ لوگ ایتھوپیا، صومالیہ، جزائر، اریٹریا، یوگوسلاویہ، چین، ترکستان، فلپائن میں مسلمانوں کو بے دخل کرر ہے ہیں انہوں نے دنیا کے ہر علاقے میں مسلمانوں پر عرصہ حیات تنگ کرر کھا ہے اور اب چیچنیا میں مسلمانوں پر بھرپور فوجی جنگ مسلط کرر کھی ہے۔ ان دشمنان اسلام ومسلمانوں کو یہ سلوک کرنے کی جرأت اس لیے ہوئی کہ ان کے ساتھ مسلمانوں میں شامل ان کے ایجنٹوں کا تعاون حاصل رہا۔ اب بھی یہ لوگ کہتے ہیں۔ کہ ان کے ساتھ رہنے میں قباحت نہیں ہے۔ جو لوگ اس طرح کی باتیں کرتے ہیں شاید وہ قرآن نہیں پڑھتے اگر پڑھتے ہیں۔ تو سمجھتے نہیں اور اگر سمجھ لیتے ہیں۔ تو پھر ان کے خیالات منتشر رہتے ہیں۔ اس لیے کہ اسلام ان کے دلوں کی گہرائی میں نہیں اترا نہ ان کے دماغ میں، روح میں احساس جاگزیں ہوا ہے نہ انہیں اس بات کا یقین ہے کہ اللہ اسلام کے علاوہ کوئی دین قبول نہیں کرتا ۔ ان کافروں، ملحدوں وغیرہ کے ساتھ تو اصل جھگڑا ہی دین اور عقیدے کا ہے۔ تنازع زمین یا ملک کا نہیں زبان وقومیت کا نہیں اسلحہ وفوج کی زیادتی کا نہیں نہ اقتصادی جھگڑا ہے نہ تنازع ٹیکنالوجی کا ہے نہ ہی صنعت وتجارت کا اختلاف ہے۔ اختلاف ترقی کا بھی نہیں ہے ان میں سے کوئی بھی وجہ ہمارے اور غیر مسلموں کے درمیان تنازع واختلاف کا سبب نہیں ہے۔ بلکہ یہ جھگڑا واختلاف تنازع وجنگ صرف اور صرف عقیدے کی وجہ سے ہے۔ دین کے لیے ہے وہ بھی ہم سے صرف اسی بنیاد پر اختلاف وعناد رکھتے ہیں۔ لہٰذا ہمارے لیے یہ ممکن نہیں کہ ہم ان سے دوستی ومحبت کا برتاؤ کریں یا ان سے اس کی

امید رکھیں ہم پر صرف اور صرف جہاد واجب ہے جہاں تک ممکن ہوان سے قتال کرنا چاہیے اور اگر اس کی استطاعت نہ ہوتو پھر ان سے دور ہونا اور ان کے مما لک سے ہجرت کرنا چاہئے۔ مومنوں کو چاہیے کہ وہ آپس میں تعلق ومحبت کوفروغ دیں۔ مسلمانوں کے لئے اپنے دین کی حفاظت کی خاطر اس بات پر توجہ دینا لازم ہے۔ ہماری یہ مختصر تحریر اسی موضوع کا احاطہ کرتی ہے تاکہ مسلمانوں کے آپس میں تعلقات اور ان میں محبت اور مودّت کوفروغ حاصل ہو اس مقصد کے حصول کے لئے پہلا زینہ جس پر قدم رکھا جائے وہ ہے دارالکفر سے دارالاسلام کی طرف ہجرت اور مؤمنین اور زمین کے طاغوتوں کے درمیان فاصلہ، اللہ کے دین کی طرف دعوت، انبیاء صدیقین اور شہداء کے طریقوں پر چلنا جنہیں اللہ تعالیٰ نے بہترین رفیق قرار دیا ہے۔ ہمیں امید ہے کہ یہ سطور اس مقصد کے حصول کے لئے مشعل کا کام دیں گی اور امت مسلمہ اپنے اس افسوسناک مقام سے اٹھ کر قابل رشک درجے تک پہنچ جائے گی۔ ان شاء اللہ۔

فضیلہ الشیخ عبدالعزیز بن صالح الجربوع

ہجرت کے مقاصد؟

ہجرت کے دو مقصد ہیں۔

① فتنہ سے فرار لا دین و کافر لوگوں کے رنگ میں رنگنے سے محفوظ ہونا اس لیے کہ جن لوگوں کے ساتھ آدمی ہر وقت اٹھتا بیٹھتا ہے تو ان کی عادات و اطوار اپنا لیتا ہے اور احساس زیاں سے محروم ہو جاتا ہے۔

بعض دفعہ مسلمان کفر کے معاشرے میں رہ کر کفار کی بہت سی باتوں اور عادات سے متنفر ہو جاتا ہے۔ اسے اسلام اور مسلمانوں کے بارے میں غیرت وحمیت آ جاتی ہے۔ مگر وہ کچھ کر نہیں سکتا کہ کمزور و مجبور ہوتا ہے لہٰذا ہجرت کرنا بہتر ہوتا ہے۔

② اللہ کے دشمنوں سے مقابلہ کرنا۔ اہل اسلام کے قریب رہنا اور ان کی مدد کرنا ایک صف اور ایک قوم بن کر عمل کرنا۔ دین کی دعوت کے لئے یکسو ہونا جس کا حکم اللہ نے ہمیں دیا ہے کہ لوگوں تک دین پہنچا دیں ہجرت کے یہ دونوں مقاصد بیان کرنے سے قبل دارالحرب اور دارالاسلام کی تعریف وتعارف ضروری ہے۔

دار سے کیا مراد ہے؟

عربی میں لفظ ''دار'' دو معنوں کے لئے مستعمل ہے ایک معنی خاص ہے دوسرا عام خاص معنی فقہاء نے یہ بیان کیا ہے کہ ''دار'' ایک ایسے حصہ زمین کو کہتے ہیں جس کی حدود متعین ہوں اس میں گھر ہوں۔ اصطبل ہو صحن ہو بغیر چھت کے صحن ہو ہوا میں ٹھنڈک اور سکون کے لیے رہتے ہوں اور چھت والے حصے کے اندر اکثر اوقات میں رہا جاتا ہو۔ (رد المحتار علی الدرر المختار)

عام معنی ایک ایسی جگہ جس میں عمارت ہو اور ساتھ ہی بغیر دیواروں کے خالی جگہ یعنی صحن وغیرہ ہو، شہر ہو، کو بھی کہا جاتا ہے معجم میں اس کا معنی لکھا ہے کہ دار کہتے ہیں گھر اور اس کے آس پاس متعلقہ جگہ کو جیسا کہ قرآن مجید میں ارشاد ہے:

﴿فَجَاسُوْا خِلٰلَ الدِّيَارِ وَكَانَ وَعْدًا مَّفْعُوْلًا﴾ (اسراء:5)

''وہ شہر کے اندر گھس کر دور تک پھیل گئے اور یہ وعدہ تھا پورا ہونے والا۔''

دوسری آیت میں ہے:

﴿اَلَمْ تَرَ اِلَى الَّذِيْنَ خَرَجُوْا مِنْ دِيَارِهِمْ﴾ (البقرہ:243)

''کیا آپ نے دیکھا نہیں ان لوگوں کو جو اپنے اپنے گھروں سے نکلے؟۔''

ان آیات سے معلوم ہوتا ہے کہ دار سے مراد شہر، بستی، ملک ہے یعنی ایسا علاقہ جس میں انسان اکھٹے رہتے ہوں اور وہ آپس کے معاملات وتنازعات نمٹاتے ہوں چاہے ان کے ہاں رائج نظام شرعی ہو یا غیر شرعی دار سے مراد ملک بھی ہوسکتا ہے جو متعدد صوبوں پر مشتمل ہو۔

موجودہ دور میں دار سے مراد ریاست ہے۔ یعنی ایسی آبادی جس میں ایک نظام رائج ہو اور اس ریاست میں جتنے صوبے ہیں ان کے حدود مقرر ہوں ان کے باشندوں کے حقوق متعین ہوں اس ریاست میں ایک حکمران ہو یا خلیفہ یا امیر المؤمنین ہو جو اس پورے ریاست کا انتظام چلاتا ہو۔ ایسی علاقے اور آبادی کو ریاست کہا جاتا ہے۔ سیاست شرعیہ سے متعلق بحث کرنے والے فقہاء بھی اسی کو

ریاست یا الاحکام السلطانیہ کہتے ہیں۔

خلاصہ کلام یہ ہے۔ ریاست کے لئے تین ارکان کا ہونا لازمی ہے۔

1. علاقہ
2. عوام
3. دفاع

ایک ملک کو یا مختلف ریاستوں کے مجموعے کو بھی کہا جاتا ہے کہ جس میں ہر ریاست اپنی متعین کردہ ذمہ داری مرکزی حکومت کے ماتحت پوری کرتی ہے۔ اور تمام ریاستیں مل کر عوام کے مفاد کے لئے کام کرتی ہیں عوام کے دینی و دنیاوی مقاصد کی تکمیل کے لئے کوشش کرتی ہیں (اگر ملک اسلامی ہو) تو پھر اس کی تعریف یوں ہوگی جو ماوردی نے کی ہے کہ ''امامت خلافت نبوی صلی اللہ علیہ وسلم کے لئے مقرر کی گئی ہے تاکہ دین اور سیاست کا تحفظ کیا جا سکے امام کا مطلب یہ ہے کہ ملک کی تمام ریاستیں اس کے ماتحت کام کرتی رہیں۔''

امام ابن تیمیہ رحمہ اللہ اپنی کتاب السیاست الشرعیۃ میں لکھتے ہیں ''ریاستوں کا مقصد ہے عوام کے دین (یعنی دینی معاملات) کی اصلاح اگر دین نہیں ہوگا تو عوام نقصان و خسارے میں رہیں گے اور دنیاوی خوشحالی انہیں کوئی فائدہ نہیں دے گی۔ اس کے ساتھ ساتھ عوام کے دنیاوی امور کی بھی اصلاح کرنی ہے''۔ ابن الأرزق بدائع السلک میں لکھتے ہیں ''امام مقرر کرنے کا شرعی مقصد ہے کہ وہ شارع صلی اللہ علیہ وسلم کا نائب ہوتا ہے دین اور دنیاوی سیاست کی حفاظت کرتا ہے اس نیابت کی بناء پر ہی اسے خلیفہ یا امام کہتے ہیں۔ اصل مقصد دین ہے نہ کہ صرف دنیا''۔

دار کی کتنی اقسام ہیں؟

1. **دارالاسلام** : ہر وہ علاقہ وخطہ جس میں اسلامی احکام وقوانین غالب ہوں۔ امام شافعی رحمہ اللہ کہتے ہیں دارالاسلام ہے زمین کا وہ خطہ جس میں اسلامی احکام نافذ ہوں۔ بعض لوگوں نے یہ

تعریف کی ہے کہ دارالاسلام وہ ہے جس میں کوئی کفریہ خصلت نہ ہو جیسا کہ نبی کی تکذیب یا کتب سماویہ میں سے کسی کتاب کو جھٹلانا یا انہیں حقیر و معمولی سمجھنا یا لا دینیت وغیرہ۔

کچھ لوگ دارالاسلام کی تعریف اس طرح کرتے ہیں۔ جس خطے وعلاقے میں اسلام کی دعوت اس علاقے کے لوگوں میں سے ہی اٹھی ہو نہ تو وہ ذمی ہوں نہ جزیہ دے کر رہنے والے ہوں نہ مسلمانوں کے ساتھ کسی عہد کی وجہ سے اسلام کی دعوت اٹھی ہو، اور اگر وہاں ذمی آباد ہیں تو ان پر اہل اسلام کے احکام نافذ ہوں اور اہل بدعت اہل سنت پر غالب نہ ہوں (اہل بدعت اکثریت میں اور اہل سنت اقلیت میں نہ ہوں)۔

یہ بھی تعریف کی گئی ہے کہ جس علاقے میں مسلمان آباد ہوں اگر چہ ان کے ساتھ دیگر مذاہب کے پیروکار بھی رہتے ہوں یا جس خطے میں اسلامی احکام غالب ہوں اسے دارالاسلام کہا جائے گا۔

خلاصہ یہ ہے کہ دارالاسلام ان ممالک کو کہا جائے گا جس میں متعدد صوبے ہوں اور وہ سب مسلمانوں (شرعی) حکومت کے ماتحت ہوں چاہے۔ وہ لوگ مسلمان ہوں یا ذمی، حکمرانی اسلام کے غلبہ ونفاذ کے ساتھ ہو۔

❷ **دارالکفر کیا ہے؟** : ہر وہ علاقہ وخطہ زمین جہاں کفر کے احکام غالب ہوں اور اس علاقے اور مسلمانوں کے درمیان جنگ نہ ہو۔

اس میں وہ ملک بھی شامل ہیں جن سے مسلمانوں کی جنگ ہوئی ہو مگر اب حالات امن کے ہوں۔ اس لحاظ سے دیکھا جائے تو ہر دارالحرب دارالکفر ہے مگر ہر دارالکفر دارالحرب نہیں ہے۔

❸ **دارالمرکبۃ** : یہ دونوں خصوصیات کا حامل ہوتا ہے نہ تو یہ دارالاسلام ہے کہ اس میں اسلام کے احکام جاری ہوں۔ اس بنا پر کہ اس کی فوج مسلمان ہے اور نہ ہی وہ دارالحرب ہے کہ اس میں باشندے کافر ہوں بلکہ یہ ایک تیسری قسم ہے اس میں مسلم کے ساتھ اس کی حیثیت کے مطابق سلوک ہوتا ہے اور شریعت سے خارج ہونے والے کے ساتھ اس کی حیثیت کے مطابق جنگ کی جاتی ہے۔

شیخ الاسلام ابن تیمیہ رحمہ اللہ نے اپنے فتاویٰ میں اس کا تذکرہ کیا ہے۔

(فتاوی الکبری ج ٤ ص ۳۳۱ و الفتاوی ج ۲۸ ص ١٤٢)

❹ **دارالحرب** : ہر وہ خطہ و علاقہ جہاں مومنوں اور کافروں کے درمیان جنگ ہو یعنی کفار کا وہ ملک جو مسلمانوں سے برسر پیکار ہو۔

❺ **دارالعہد** : اسے دارالصلح بھی کہتے ہیں۔ وہ علاقہ وہ خطہ جس نے مسلمانوں کے ساتھ جنگ نہ کرنے کا معاہدہ کر رکھا ہو اس بات پر کہ جو لوگ جس جگہ آباد ہیں وہ علاقہ انہیں کا ہوگا (یعنی عدم مداخلت کا معاہدہ)۔

❻ **دارالبغی** : وہ علاقہ جہاں مسلم حکمران سے بغاوت کر کے کچھ مسلمان جمع ہو گئے ہوں اور وہاں طاقت حاصل کر لی ہو۔

یہ اقسام کتب فقہ میں مذکور ہیں وہاں سے لی گئی ہیں بعض فقہاء نے دار کی تین اقسام ذکر کی ہیں بعض نے چار، تفصیلات کے لئے کتب فقہ ملاحظہ کی جا سکتی ہیں۔

دارالاسلام سے مراد وہ ملک جہاں مسلمانوں کے احکام غالب و نافذ ہوں۔ یا وہ علاقہ جہاں مسلمان آباد کثرت میں ہوں اگرچہ وہاں دیگر ادیان و مذاہب کے افراد بھی بستے ہوں یا جس ملک میں اسلامی احکامات غالب ہوں۔

یا اسلامی ممالک جس کے تمام صوبوں میں مسلمانوں کی حکومت ہو اور وہاں کے باشندے جو کہ اس حکومت کے ماتحت ہیں وہ مسلمان یا ذمی ہوں اور اقتدار اعلیٰ کا مقصود اسلام کے احکام کا نفاذ و غلبہ ہو۔

اس کے برعکس جہاں کفر کے احکام غالب ہوں وہ دارالکفر ہے دارالمحاربین (جو کافر مسلمانوں سے جنگ کرتے ہیں ان کا علاقہ) حالت امن میں بھی دارالکفر شمار ہوگا۔ ہر دارالحرب دارالکفر ہے مگر ہر دارالکفر دارالحرب نہیں ہے۔ ❶

ہجرت کی لغوی شرعی اور اصطلاحی تعریف

عربی کی مشہور لغت لسان العرب اور تاج العروس میں لفظ هجر کے بارے میں لکھا ہے کہ یہ لفظ وصل کی ضد ہے۔ وصل کا معنی ہے ملنا ہجر کا معنی ہے جدائی۔

میں بھی یہ لفظ مستعمل ہے۔ آپ صلی اللہ علیہ وسلم کا ارشاد ہے۔ ''لا هجرة بعد ثلاث'' تین ہجرتوں

❶ یہاں پر ایک اور بات کی وضاحت بھی مناسب ہے اور وہ یہ کہ کچھ ایسے کفریہ کام ہیں جنہیں صرف علماء ہی پہچان سکتے ہیں عام مسلمان انہیں نہیں جان سکتے اس لئے وہ خفی اور دقیق امور ہیں عام مسلمانوں کی سمجھ میں نہیں آتے اس لیے کہ وہ کفر بواح بظاہر نظر نہیں آتے جیسا کہ تحکیم بغیر ما انزل اللہ شیخ محمد ابراہیم رحمہ اللہ نے بعض مسائل میں بغیر ما انزل پر تحکیم کو کفر بالاتفاق ثابت کیا ہے لیکن چونکہ عوام کو سمجھنے میں دقت پیش آتی ہے لہٰذا ان مخفی کفریہ امور کی وجہ سے ہم نہ تو عام مسلمانوں پر ہجرت لازم کر سکتے ہیں نہ ہی وہاں پر رہنے والوں کو گناہ گار کہہ سکتے ہیں اس لئے اسلام میں ایک اصطلاح کفر بواح کی بھی ہے یعنی ایسا صریح اور واضح کفر کہ جس کی دلیل جو اللہ نے نازل کی ہے وہ ہر خاص وعام مسلمان کی سمجھ میں آئے تا کہ وہ اس عمل کے کفر ہونے کو سمجھ سکے اب اگر اس طرح کے واضح کفر کرنے والے کے خلاف کوئی شخص خروج کرتا ہے بغاوت کرتا ہے اور بقیہ لوگ اس سے جنگ کرتے ہیں تو یہ شخص حق پر ہوگا لیکن جب کسی حکمران میں واضح کفر نہ ہو تو پھر ایسے میں اس کے خلاف خروج وبغاوت اس لیے مناسب نہیں کہ عام مسلمان خلفشار کا شکار ہوں گے افراتفری پھیلے گی۔ جب کفر بواح واضح کفر نظر آجائے تو اس حاکم کے خلاف خروج یا اس کو تبدیل کرنا جائز ہے اور اگر ایسا نہ کر سکے تو پھر مسلمانوں پر ہجرت لازم ہے۔ کسی مرتد حاکم کو بچانا اور اس کی حفاظت اور حمایت کسی بھی لحاظ سے جائز نہیں ہے ہم یہ نہیں کہتے کہ ایسے حکمران کو کچھ نہ کہا جائے ہمارا مقصد یہ ہے کہ جب تک حکمران کا کفر واضح نہ ہو تو اس کے خلاف بغاوت مسلمانوں میں اختلاف کا سبب بنے گا اس لیے کہ عام مسلمانوں کو معلوم ہی نہ ہوگا کہ حکمران میں کیا خرابی ہے کون سا عمل اس کا کفریہ ہے یا اس کے خلاف بغاوت جائز ہے یا نہیں؟ البتہ ایک مومن اگر کسی حکمران میں کوئی کفریہ عمل دیکھتا ہے اور وہ وہاں سے ہجرت کرتا ہے تو یہ حق پر ہے اس کی ہجرت اللہ کی راہ میں شمار ہوگی۔ اور اگر یہ کوئی کفریہ عمل دیکھتا ہے مگر وہ کھلا کفر نہیں ہے اور حکمران تاویل کے ذریعے اس عمل کے جواز کی بھی دلیل دیتا ہے چاہے وہ تاویل شرعی ہو یا لغوی اس صورت میں اور دوسری وجہ یہ ہو کہ مسلمانوں میں خون خرابہ نہ چاہتے ہوئے یہ اس ملک میں رہنا چاہے تو اس پر کوئی حرج نہیں۔

کے بعد ہجرت نہیں ہے۔ ❶

❶ اس سے مراد یہ ہے کہ ملک میں رہ کر اہل بدعت سے قطع تعلق ہے جب تک وہ توبہ نہ کرلیں اور اپنے قبیح عمل سے رجوع نہ کرلیں جیسا کہ نبی صلی اللہ علیہ وسلم کو جب یہ اندیشہ ہوا کہ کعب بن مالک اور اس کے ساتھی کہیں منافق نہ ہو جائیں تو ان سے مقاطعہ کرلیا اسی طرح آپ صلی اللہ علیہ وسلم نے اپنی ازواج مطہرات سے بھی ایک ماہ تک قطع تعلق کیا تھا۔ حضرت عائشہ رضی اللہ عنہا نے ابن زبیر رضی اللہ عنہ سے ایک مدت تک بات نہ کی۔ صحابہ رضی اللہ عنہم کی ایک جماعت نے صحابہ رضی اللہ عنہم

اجمعین کی ایک جماعت سے قطع تعلق کرلیا تھا اور اسی حالت میں ان کا انتقال ہوا تھا۔ابن اثیر رحمہ اللہ کہتے ہیں کہ شاید ایک ہجرت دوسری ہجرت کی وجہ سے منسوخ ہوگئی ہے جیسا کہ حدیث میں آتا ہے۔ ''ومن الناس من لایذکر اللہ الا مهاجراً '' کچھ لوگ ایسے ہیں جو اللہ کا ذکر نہیں کرتے مگر ہجرت کر کے یہاں ہجرت سے مراد دل کی ہجرت ہے۔اور ذکر میں اخلاص کا ترک کرنا گویا اس کا دل اس کی زبان کا ساتھ نہیں دے رہا اسے چھوڑ چکا ہے اسی طرح ابوالدرداء رضی اللہ عنہ کی رویت میں ہے۔''ولا یسمعون القرآن الا هجراً'' وہ قرآن کونہیں سنتے مگر ہجرت کر کے یعنی اسے چھوڑ کر اس سے بے رخی برت کر منہ موڑ کر۔ لغت میں کہتے ہیں هجرت الشیئ هجراً جب کسی چیز کو چھوڑ دیا جائے اس سے بے پرواہی اختیار کی جائے ۔هجر فلان الشرک هجراً و هجراناً کا معنی ہے شرک کو چھوڑ دینا۔اسی طرح ہجرت کا معنی ہے ایک علاقہ اور خطۂ زمین چھوڑ کر دوسرے علاقے میں جانا۔مہاجرین ان مسلمانوں کو کہا جاتا ہے جو نبی کریم صلی اللہ علیہ وسلم کے ساتھ ہجرت کر کے مکہ سے مدینہ گئے تھے۔ازہری کہتے ہیں عرب میں مہاجر اس کو کہا جاتا ہے کہ ایک دیہاتی اپنے گاؤں سے نکل کر شہر میں چلا جائے۔اسی طرح ہر اس شخص کو مہاجر کہتے ہیں جو اپنا گھر خالی کر کے علاقہ چھوڑ کر کسی اور قوم میں جا کر رہائش اختیار کر لے۔اس لیے مہاجرین کو مہاجر کہتے ہیں کہ انہوں نے اپنے گھر چھوڑ دیئے تھے اور اس علاقے میں جا بسے تھے جو ان کا نہیں تھا ہر وہ شخص جو دیہاتی ہو یا شہری ہو ایک علاقے کا رہنے والا ہو کسی دوسرے علاقہ میں جا کر رہے تو اسے مہاجر کہتے ہیں اللہ تعالیٰ کا ارشاد ہے: ﴿وَمَنْ يُّهَاجِرْ فِيْ سَبِيْلِ اللّٰهِ يَجِدْ فِي الْاَرْضِ مُرٰغَمًا كَثِيْرًا وَّسَعَةً وَمَنْ يَّخْرُجْ مِنْ بَيْتِهٖ مُهَاجِرًا اِلَى اللّٰهِ وَرَسُوْلِهٖ ثُمَّ يُدْرِكْهُ الْمَوْتُ فَقَدْ وَقَعَ اَجْرُهٗ عَلَى اللّٰهِ﴾ (النساء:100) جس نے اللہ کی راہ میں ہجرت کی وہ زمین میں پائے گا بہت جگہ اور کشائش اور جو شخص اپنے گھر سے نکلا اللہ و رسول ﷺ کی طرف ہجرت کرتا ہوا اور اسے موت آ گئی تو اس کا اجر اللہ پر ثابت ہو گیا اللہ بخشنے والا رحم کرنے والا ہے۔جو لوگ اپنے علاقوں یا دیہاتوں میں رہے نبی صلی اللہ علیہ وسلم کے ساتھ ہجرت نہ کی انہیں مہاجر نہیں بلکہ اعراب کہا گیا ہے۔ابن اثیر رحمہ اللہ کہتے ہیں۔ہجرت کی دو قسمیں ہیں ایک وہ جس پر اللہ نے جنت دینے کا وعدہ کیا ہے ﴿اِنَّ اللّٰهَ اشْتَرٰى مِنَ الْمُؤْمِنِيْنَ اَنْفُسَهُمْ وَاَمْوَالَهُمْ بِاَنَّ لَهُمُ الْجَنَّةَ﴾ (توبہ:111) اللہ نے مومنوں سے ان کی جانیں اور مال خرید لیے ہیں ان کے بدلے میں ان کے لئے جنت ہے۔

ہجرت کی لغوی وشرعی تعریف

ہجرت کی شرعی واصطلاحی تعریف ہے۔دارالحرب سے نکل کر دارالاسلام میں جانا جیسا کہ ابن العربی رحمہ اللہ نے احکام القرآن میں لکھا ہے اور ابن قدامہؒ نے المغنی میں، شیخ سعد بن عتیق رحمہ اللہ نے الدرر السنیۃ میں لکھا ہے ہجرت کا معنی ہے شرک اور معاصی کے مقامات سے اسلام اور اطاعت کے علاقے کی طرف منتقل ہونا۔

دارالکفر سے دارالاسلام کی طرف ہجرت کا حکم

اس بارے میں علماء کا اختلاف ہے کہ کیا ہجرت اب بھی باقی ہے یا منسوخ ہوگئی ہے ۔اس میں دو قول ہیں یہ اختلاف دلائل کے سمجھنے اور ان سے نتائج اخذ کرنے میں علماء کی سمجھ کے اختلاف کی وجہ سے ہے۔

پہلا قول: جو لوگ سمجھتے ہیں کہ ہجرت منسوخ ہو چکی ہے اور اب ہجرت کا حکم ختم ہو گیا ہے یہ قول احناف

= بار چھوڑ کے ان میں سے کسی کی طرف واپس نہیں جاتا تھا نبی صلی اللہ علیہ وسلم بھی ناپسند کرتے تھے کہ آدمی نے جہاں سے ہجرت کی ہے وہاں موت آئے۔اس لیے آپ صلی اللہ علیہ وسلم نے افسوس کا اظہار کرتے ہوئے فرمایا تھا(لکن البائس سعد بن خولة)افسوس سعد بے چارہ۔اس لیے کہ ان کا مکہ میں انتقال ہوا تھا۔آپ صلی اللہ علیہ وسلم نے دعا کی تھی(اللھم لاتجعل منایا بھا)اے اللہ ہمیں مکہ میں موت نہ دے۔جب مکہ فتح ہوا تو وہ بھی مدینہ کی طرح دارالاسلام بن گیا اور اب وہاں سے ہجرت کرنے کی ضرورت نہ رہی۔دوسرے قسم کی ہجرت ان دیہاتیوں کی تھی جو مسلمانوں کے ساتھ مل کر کفار سے لڑ رہے تھے مگر پہلے والے مہاجرین کی طرح ہجرت نہیں کی اگرچہ اس کو بھی مہاجر کہا جاتا ہے مگر پہلی قسم کے مہاجروں جیسی فضیلت انہیں حاصل نہیں اس لیے آپ صلی اللہ علیہ وسلم نے فرمایا ہے کہ(لا تنقطع الھجرة حتی تنقطع التوبة)ہجرت ختم نہ ہوگی جب تک کہ توبہ کی مہلت ختم نہیں ہوتی۔دونوں حدیثوں میں یہی تطبیق ہے کہ حبشہ ومدینہ والی ہجرت تو اب نہیں البتہ ہجرت بعد ہجرت باقی ہے جیسا کہ ابراہیم علیہ السلام کی ہجرت تھی کی کہ عراق سے نکل کر شام میں جا بسے۔حدیث رسول صلی اللہ علیہ وسلم ہے(لا ھجرة بعد الفتح ولکن جھاد ونیة)فتح مکہ کے بعد ہجرت نہیں ہے مگر جہاد اور اس کی نیت ہے۔

کے سرکردہ علماء کا ہے۔

ابوبکر جصاص اپنی کتاب احکام القرآن میں آیت

﴿فَلَا تَتَّخِذُوْا مِنْهُمْ اَوْلِيَآءَ حَتّٰى يُهَاجِرُوْا فِيْ سَبِيْلِ اللّٰهِ﴾ (النساء:89)

''ان میں سے کسی کو دوست نہ بناؤ جب تک کہ وہ اللہ کی راہ میں ہجرت نہ کرلیں''

یعنی جب تک مسلمان نہ ہوجائیں اس لیے کہ ہجرت اسلام لانے کے بعد ہوتی ہے اور اگر اسلام بھی لے آئیں تو تمہارے ساتھ ان کی دوستی صرف ہجرت کے بعد ہی ہوسکتی ہے۔

جیسا کہ فرمان باری تعالیٰ ہے

﴿مَا لَكُمْ مِّنْ وَّلَايَتِهِمْ مِّنْ شَيْءٍ حَتّٰى يُهَاجِرُوْا﴾ (الانفال:72)

''تمہارا ان کی دوستی سے کیا واسطہ جب تک ہجرت نہ کرلیں۔''

یہ اس صورت کی بات ہورہی ہے جب ہجرت فرض ہو۔ اس طرح نبی صلی اللہ علیہ وسلم کا فرمان ہے

''میں ہر اس مسلمان سے بری ہوں جو مشرکین میں رہتا ہو اور اس مسلمان سے بری ہوں جو مشرکین کے ساتھ رہتا ہو۔ سوال کیا گیا کہ کیوں اللہ کے رسول صلی اللہ علیہ وسلم؟ آپ رسول صلی اللہ علیہ وسلم نے فرمایا دونوں ایک جگہ جمع نہیں ہوسکتے (یعنی مسلم اور مشرک کو ایک جگہ نہیں رہنا چاہیے۔''

فتح مکہ تک ہجرت فرض تھی اس کے بعد منسوخ ہوگئی ہے۔ ابن عباس رضی اللہ عنہ سے روایت ہے کہ۔ فتح مکہ والے دن نبی صلی اللہ علیہ وسلم نے فرمایا۔

((لاهجرة ولكن جهاد ونية واذا استنفرتم فانفروا))

''اب ہجرت نہیں ہے البتہ جہاد ہے اور اس کا ارادہ ہے جب تمہیں (جہاد میں) جانے کے لئے کہا جائے تو تم چل پڑو۔'' (بخاری۔٦/٣۔مسلم۔١٤٨٧/٣)

ابوسعید الخدری رضی اللہ عنہ سے روایت ہے کہتے ہیں: ''ایک اعرابی نے نبی صلی اللہ علیہ وسلم سے ہجرت کے بارے میں سوال کیا تو آپ صلی اللہ علیہ وسلم نے فرمایا ہجرت بہت مشکل کام ہے۔ کیا تمہارے پاس اونٹ ہیں؟ اس نے کہا۔ ہاں۔ آپ صلی اللہ علیہ وسلم نے پوچھا کیا تم اس کی زکوۃ دیتے

ہو؟اس نے کہا۔ہاں ۔آپ صلی اللہ علیہ وسلم نے فرمایا تم دریا پار (جہاں تمہاری رہائش ہے) عمل کرتے رہو اللہ تمہارے عمل میں سے کچھ نہیں کم کرے گا"۔

اس حدیث سے ثابت ہوتا ہے کہ آپ صلی اللہ علیہ وسلم نے اس آدمی کے لئے جائز قرار دیا کہ وہ ہجرت کو ترک کردے۔

عامر رضی اللہ عنہ سے روایت ہے کہ وہ کہتے ہیں کہ "ایک شخص نے ابن عمر و رضی اللہ عنہ کے پاس آ کر کہا کہ مجھے کوئی ایسی بات بتائیں جو آپ نے نبی صلی اللہ علیہ وسلم سے سنی ہو ابن عمر و رضی اللہ عنہما نے کہا کہ میں نے نبی صلی اللہ علیہ وسلم سے سنا ہے کہ وہ فرما رہے تھے۔

((المسلم من سلم المسلمون من لسانه ويده والمهاجر من هجر مانهى الله عنه))(صحيح بخاری ۶۰۰۳)

"مسلمان وہ ہے جس کی زبان اور ہاتھ سے مسلمان محفوظ رہیں اور مہاجر وہ ہے جو اللہ کی منع کردہ اشیاء سے رک جائے۔"

ابن عابدین ردالمختار علی الدرالمختار میں فرماتے ہیں۔عتابی کا قول ہے کہ جس نے اسلام قبول کیا اور ہماری طرف ہجرت نہ کی تو ہمارے رہائش پذیر اصلی مسلمان کا وارث نہیں بن سکتا اور نہ ہی اصلی مسلمان اس کا وارث بنے گا چاہے وہ مسلمان دارالحرب میں ہو یا نہ ہو۔عتابی کی یہ بات ہمارے بعض علماء نے رد کی ہے۔میرا خیال ہے کہ یہ بات شروع اسلام میں تھی جب ہجرت فرض تھی۔

جیسا کہ اللہ تعالیٰ نے ہجرت کرنے والوں اور نہ کرنے والوں میں دوستی کی نفی کی ہے۔

﴿وَالَّذِينَ آمَنُوا وَلَمْ يُهَاجِرُوا مَا لَكُم مِّن وَلَايَتِهِم مِّن شَيْءٍ حَتَّىٰ يُهَاجِرُوا﴾(الانفال:72)

"جو لوگ ایمان لائے اور ہجرت نہ کی تمہارا ان کی دوستی سے کوئی تعلق نہیں جب تک وہ ہجرت نہ کرلیں۔"

جب دوستی ممنوع تھی تو میراث بھی ممنوع تھی اس لیے کہ میراث کی بنیاد تعلق دوستی پر ہے۔اب ایسا

نہیں ہے دونوں قسم کے مسلمان ایک دوسرے کے وارث بن سکتے ہیں اس لیے کہ نبی صلی اللہ علیہ وسلم کے فرمان **لا ھجرۃ بعد الفتح** سے اب ہجرت منسوخ ہوچکی ہے۔اس کے علاوہ دیگر مقامات پر بھی ان علماء نے کہا ہے کہ ہجرت اب منسوخ ہے کہ نبی صلی اللہ علیہ وسلم نے فرمایا **لا ھجرۃ بعد الفتح** اور فرمایا ہے۔

((قد انقطعت الھجرۃ ولکن جھاد و نیۃ))

''ہجرت ختم ہوچکی ہے اب جہاد اور نیت ہے۔''

(صحیح مسلم کتاب الجھاد والسیر ۱۷۳ ، ۱۳۵۶،۱۳۵۷،۱۳۵۸)

ایک روایت میں ہے۔جب صفوان بن امیہ مسلمان ہوا ان سے کسی نے کہا جس نے ہجرت نہ کی اس کا دین نہیں ہے تو وہ مدینہ منورہ نبی صلی اللہ علیہ وسلم کے پاس آیا۔آپ صلی اللہ علیہ وسلم نے اس سے پوچھا ابووہب کیوں آئے ہو؟اس نے کہا کہ مجھے کسی نے کہا ہے کہ ہجرت کے بغیر دین نہیں ہے آپ صلی اللہ علیہ وسلم نے فرمایا۔ابووہب مکہ کے میدانوں میں واپس جاؤ اور وہاں کے باسیوں سے کہو کہ اپنے گھروں میں رہو اب ہجرت ختم ہوچکی ہے البتہ جہاد اور اس کی نیت باقی ہے۔

دوسرا قول: جمہور کا ہے اور کچھ احناف کا بھی ہے جو حنفیہ کی آراء سے علیحدہ ہوئے ہیں جیسا کہ حسن رحمہ اللہ کی رائے ہے وہ کہتے ہیں۔آیت کا حکم اب بھی ہر اس شخص کے لئے برقرار ہے جو دارالحرب میں رہتا ہو۔حسن رحمہ اللہ کے خیال میں ہجرت کی فرضیت باقی ہے۔جصاص نے بھی ان کی یہ رائے نقل کی ہے اگرچہ جصاص نے اس رائے کی مخالفت کی ہے۔اسی طرح اس رائے کے حاملین میں خطابیؒ ،طیبی ،نوویؒ،ابن حجر،ابن قدامہؒ،ابن العربیؒ،ابن تیمیہؒ اور ان کے شاگرد ابن قیمؒ،شوکانی وغیرہ علماء رحمہم اللہ شامل ہیں ان کی رائے کو دعوت سلفیہ کے علمبرداروں محمد بن عبدالوہاب رحمہ اللہ نے نقل کیا ہے اور اس کی تائید بھی کی ہے اسی طرح محمد بن ابراہیم رحمہ اللہ نے بھی اس کی تائید کی ہے۔(ابن باز رحمہ اللہ اور شیخ عبدالرزاق عفیفی کی بھی یہی رائے ہے)

ابن العربیؒ احکام القرآن میں فرماتے ہیں ہجرت کا معنی دارالحرب سے نکل کر دارالاسلام میں جانا

یہ نبی صلی اللہ علیہ وسلم کے زمانے میں فرض تھی اور اب بھی اس شخص کے لئے فرضیت برقرار ہے جو (دارالحرب میں) اپنے بارے میں اندیشے کا شکار ہو (کہ کہیں گمراہی پر مجبور نہ کیا جائے) جن احادیث سے ہجرت ختم ہونے کا ثبوت ملتا ہے وہ ہے اصل ہجرت یعنی عام ہجرت کا ختم ہونا۔ طیبیؒ کہتے ہیں اس سے معلوم ہوتا ہے کہ مابعد کا حکم ماقبل کو منسوخ کرر ہا ہے یعنی وہ ہجرت جس نے ہر شخص پر اپنا وطن ترک کر کے مدینہ کی طرف جانا فرض کرلیا تھا وہ اب ختم ہو چکی ہے۔ البتہ جہاد کی وجہ سے وطن چھوڑنا باقی ہے۔ اسی طرح اچھی نیت وارادے کی بنا پر بھی ملک چھوڑا جاسکتا ہے جیسا کہ کوئی شخص دارالکفر میں رہنا نہیں چاہتا۔ یا طلب علم کے لئے سفر کرنا یا فتنوں سے فرار حاصل کرنا ان سب کے لئے ہجرت کرنا جائز ہے۔ امام نووی رحمہ اللہ فرماتے ہیں کہ ہجرت ختم ہونے سے جو بھلائی ختم ہوگئی تھی وہ جہاد اور اس کے ارادے سے کی جاسکتی ہے۔ ابن قدامہ رحمہ اللہ المغنی میں نسخ کے قائل پر رد کرتے ہوئے فرماتے ہیں ہماری دلیل معاویہ رضی اللہ عنہ کی روایت ہے جس میں وہ کہتے ہیں کہ میں نے نبی کریم صلی اللہ علیہ وسلم سے سنا فرمارہے تھے۔

((لا تنقطع الهجرة حتى تنقطع التوبة ولا تنقطع التوبة حتى تطلع الشمس من مغربها))(ابوداؤد)

ہجرت اس وقت تک ختم نہ ہوگی جب تک توبہ کی مہلت ختم نہ ہو جائے اور توبہ کی مہلت اس وقت تک ختم نہ ہوگی جب تک سورج مغرب سے طلوع نہ ہو جائے۔

آپ صلی اللہ علیہ وسلم کا یہ بھی ارشاد ہے۔

((لا تنقطع الهجرة ما كان الجهاد))

''ہجرت ختم نہ ہوگی جب تک جہاد باقی ہے۔''

اس روایت کو سعید وغیرہ نے قرآنی آیات اور علماء کے اقوال کی تائید کے ساتھ بیان کیا ہے۔

اس حدیث سے ہجرت کا صحیح مطلب بھی واضح ہو جاتا ہے کہ ہر زمانے ہر دور میں ہجرت ممکن ہے۔

جہاں تک پہلے بیان کردہ احادیث ہیں جن میں ہجرت ختم ہونے کا کہا گیا ہے تو ان کا مطلب یہ ہے کہ

فتح مکہ کے بعد اب مکہ سے یا اور کسی ایسے شہر سے ہجرت نہ کی جائے جسے مسلمان فتح کر لیں۔

آپ صلی اللہ علیہ وسلم نے صفوان رضی اللہ عنہ سے کہا تھا کہ (ان الهجرة قد انقطعت)

تو اس سے بھی مراد ہے کہ مکہ سے ہجرت اب ختم ہو گئی ہے۔

اس لیے کہ ہجرت کا معنی ہے کفار کے ملک سے نکل کر مسلمانوں کے علاقے میں جانا جب کسی ملک یا علاقے کو مسلمان فتح کر لیں تو وہ کفار کا رہتا ہی نہیں اب اس سے ہجرت کی کیا ضرورت ہے؟ لہٰذا ہر وہ خطہ، علاقہ، ملک، شہر جسے مسلمان فتح کر لیں پھر وہاں سے ہجرت نہیں ہوگی۔ ہم نے انتہائی اختصار سے دونوں آراء تحریر کر دی ہیں دلائل موازنے سے ہر صاحب بصیرت صحیح مسئلہ سمجھ سکتا ہے یہ بھی ثابت ہوا کہ جمہور کے نزدیک ہجرت منسوخ نہیں ہے۔

راجح مذہب یہی ہے کہ ہجرت باقی ہے، ثابت ہے۔ جہاں تک نسخ کا تعلق ہے تو اسے تب اپنایا جا سکتا ہے جب دونوں قسم کی حدیثوں میں تطبیق دینی ممکن نہ ہو۔ جمہور نے نسخ کے قائلین کا جواب دیدیا ہے۔ جو لوگ ہجرت باقی رہنے کے قائل ہیں ان میں اس بات کا اختلاف ہے کہ کیا ہجرت واجب ہے مستحب ہے یا مندوب؟ اگر ہم یہاں تمام علماء کے اقوال پیش کریں گے تو کتاب بہت تفصیلی ہو جائے گی اور پڑھنے والا بھی اکتا جائے گا اس لیے میں نے نہایت اختصار سے کام لیا ہے۔ مسئلہ ہجرت کے بارے میں ہم اس پوزیشن میں نہیں ہیں کہ اسے واجب قرار دیں یا مندوب یا مستحب قرار دیں۔ البتہ علاقے اور حالات کے مطابق ہی فیصلہ کیا جائے گا جس جگہ سے ہجرت کرنی ہے جس وجہ سے کرنی ہے جس ملک کی طرف کرنی ہے اس حساب سے ہی حکم لگایا جائے گا کہ اس پر ہجرت فرض ہے یا مندوب یا مستحب ہے۔

مہاجر کے چار حالات اور ان کا حکم

1. دار الکفر میں اپنے ایمان کا اظہار نہ کر سکتا ہو ہجرت اس کے لیے ممکن ہو۔

❷ دارالکفر میں اپنے دین کا اظہار نہ کرسکتا ہو اور ہجرت بھی ممکن نہ ہو۔

❸ دارالکفر میں دین کے اظہار کی طاقت رکھتا ہو مگر ارادے کے باوجود ہجرت کرنا ممکن نہ ہو۔

❹ دارالکفر میں اپنے دین کے اظہار کی طاقت رکھتا ہو اور اگر چاہے تو ہجرت بھی کرسکتا ہو۔

پہلی حالت: یعنی دارالکفر میں اپنے ایمان کا اظہار نہیں کرسکتا اور ہجرت کرسکتا ہو اس کے بارے میں اہل علم کا اجماع کے مساوی اتفاق ہے کہ ایسے حالات میں ہجرت کرنا واجب ہے ان حالات میں اگر کوئی ہجرت نہیں کرے گا تو اللہ کی طرف سے اس کے لیے وعید منتظر ہے اسی لیے تو نبی صلی اللہ علیہ وسلم نے اس سے براءت کا اعلان کیا ہے (ابن العربی رحمہ اللہ کہتے ہیں ہجرت کے وجوب کا حکم دارالکفر سے یہ تو ظنی ہے علماء نے اس کے وجوب وعدم وجوب میں اختلاف کیا ہے البتہ دارالحرب سے ہجرت کے وجوب پر اجماع ہے۔ اگرچہ حنفیہ کہتے ہیں کہ ہجرت واجب نہیں ہے اس لیے کہ **لاهجرة بعد الفتح** وغیرہ دلائل ہیں مگر ان کا قول ضعیف ہے بہت سے اہل علم اس کے خلاف فتویٰ دیتے ہیں) اگر کوئی عورت ان حالات سے دوچار ہو کہ دارالکفر میں ایمان کے اظہار کی استطاعت نہ رکھتی ہو اور ہجرت کرنا اس کے لئے ممکن ہو تو اس پر بھی ہجرت واجب ہے اگر راستہ پرامن ہو یا دارالکفر کی بنسبت راستہ زیادہ پرامن ہو (ان حالات میں اہل علم نے عورت کو بغیر محرم کے بھی سفر کی اجازت دی ہے اگر راستہ پرامن ہو اس سے ہجرت کی اہمیت کا اندازا لگایا جاسکتا ہے) اس لیے کہ اللہ تعالیٰ کا فرمان ہے۔

﴿اِنَّ الَّذِیْنَ تَوَفّٰهُمُ الْمَلٰٓئِكَةُ ظَالِمِیْٓ اَنْفُسِهِمْ قَالُوْا فِیْمَ كُنْتُمْ قَالُوْا كُنَّا مُسْتَضْعَفِیْنَ فِی الْاَرْضِ قَالُوْٓا اَلَمْ تَكُنْ اَرْضُ اللّٰهِ وَاسِعَةً فَتُهَاجِرُوْا فِیْهَا فَاُولٰٓئِكَ مَاْوٰهُمْ جَهَنَّمُ وَسَآءَتْ مَصِیْرًا﴾ (النساء:97)

”بے شک وہ لوگ کہ فرشتے انہیں فوت کرتے ہیں اور انھوں نے اپنی جانوں پر ظلم کیا

ہوگا وہ پوچھیں گے تم کس حال میں تھے وہ کہیں گے ہم زمین میں کمزور شمار کیے جاتے تھے فرشتے کہیں گے کیا اللہ کی زمین وسیع نہ تھی تم ہجرت کر جاتے ان لوگوں کا ٹھکانہ جہنم ہے وہ بہت بری جگہ ہے۔''

اس آیت میں سخت وعید ہے اور سخت وعید حرام کے ارتکاب اور واجب کے ترک پر ہوتی ہے۔ پہلے حدیث گذر چکی ہے۔

جس میں نبی صلی اللہ علیہ وسلم نے فرمایا ہے۔

((أنا بریئ من کل مسلم یقیم بین اظهر المشرکین لا تتراء ی ناراهما))

''میں ہر اس مسلمان سے بیزار ہوں جو مشرکین کے درمیان رہتا ہے یہ دونوں اکھٹے نہیں رہ سکتے۔'' (ترمذی۔۱۵۵/٤۔ جریر بن عبداللّٰہ حدیث صحیح)

دوسری حدیث میں ہے۔

((لا تنقطع الهجرة مادام العدو یقاتل))

''ہجرت ختم نہ ہوگی جب تک دشمن سے جنگ جاری ہو۔''

(احمد ۔ ۱۹۲/۱ ۔عبداللّٰہ بن السعدی رجاله ثقات)

جس حدیث میں آپ صلی اللہ علیہ وسلم نے فرمایا کہ **لا هجرة بعد الفتح** فتح مکہ کے بعد ہجرت نہیں ہے اس کا معنی ہے کہ مکہ سے ہجرت نہیں ہے اس لیے مکہ اب دارالاسلام بن چکا ہے قیامت تک کے لئے جمہور اہل علم کی یہی رائے ہے۔ سوائے چند افراد کے جیسا کہ امام صنعانی رحمہ اللہ سبل السلام میں کہتے ہیں کہ حدیث **انا بریئ من کل مسلم** .... میں دلیل ہے ہجرت کے وجوب پر کہ دارالمشرکین سے کی جائے جمہور کا یہی مذہب ہے۔ جریر رحمہ اللہ کی روایت ان کی دلیل ہے اور نسائی میں بہز بن حکیم رضی اللہ عنہ کی روایت بھی دلیل ہے۔ جس میں آپ صلی اللہ علیہ وسلم نے فرمایا ہے۔

((لا یقبل اللّٰہ من مشرك عملاً بعد ما اسلم او یفارق المشرکین))

''اللہ کسی مشرک کا عمل قبول نہیں کرتا جب تک وہ مسلمان نہ ہو جائے اور مشرکین سے

علیحدہ نہ ہو جائے۔'' (سنن النسائی)

اسی طرح اللہ تعالیٰ کا فرمان بھی ہے۔

﴿اِنَّ الَّذِیْنَ تَوَفّٰھُمُ الْمَلٰٓئِکَۃُ ظَالِمِیْٓ اَنْفُسِھِمْ قَالُوْا فِیْمَ کُنْتُمْ......﴾(النساء:97)

''وہ لوگ کہ جنہیں فرشتے فوت کرتے ہوں اور انہوں نے اپنی جانوں پر ظلم کیا ہو (فرشتے کہیں گے) تم کس حال میں تھے؟ وہ کہیں گے ہم کمزور شمار ہوتے تھے ملک میں۔ فرشتے کہیں گے کیا اللہ کی زمین وسیع نہ تھی کہ تم اس میں ہجرت کر جاتے۔ ان لوگوں کا ٹھکانہ جہنم ہے وہ بہت بری جگہ ہے۔''

کچھ لوگ جو کہتے ہیں۔ کہ ہجرت واجب نہیں ہے اور احادیث منسوخ ہیں۔ ناسخ حدیث ابن عباس رضی اللہ عنہما کی روایت کردہ ہے۔

((لا هجرة بعد الفتح ولكن جهاد و نية))

''فتح کے بعد ہجرت نہیں ہے صرف جہاد اور نیت ہے۔'' (بخاری ۳/٦ ۔ مسلم ۳ / ١٤٨٧)

یہ لوگ کہتے ہیں کہ اس حدیث نے ہجرت کا وجوب منسوخ کر دیا ہے جس کی دلیل سابقہ احادیث تھیں دوسری بات یہ ہے کہ نبی صلی اللہ علیہ وسلم نے عرب کے مسلمان ہونے والوں کو یہ حکم نہیں دیا کہ ہجرت کر کے میرے پاس آتے رہو۔ ان کے اپنے شہروں میں رہنے پر اعتراض بھی نہیں کیا۔

جب آپ صلی اللہ علیہ وسلم کوئی فوجی دستہ کہیں روانہ کرتے تو ان کے امیر سے کہتے۔ ''جب تمہارا اپنے دشمنوں مشرکین سے سامنا ہو تو انہیں تین باتوں کی دعوت دو ان میں سے وہ جو بھی بات مان لیں اسے قبول کر لو اور جنگ سے باز رہو۔ پھر ان سے کہو کہ وہ اپنے علاقوں سے مہاجرین کے علاقوں کی طرف منتقل ہو جائیں انہیں بتا دو کہ اگر انہوں نے اس طرح کر لیا تو ان کو وہی کچھ ملے گا جو مہاجرین کو ملے گا اور ان پر وہی ذمہ داریاں ہوں گی جو مہاجرین پر ہیں۔ اگر وہ (ہجرت سے) انکار کر دیں اور

اعراب مسلمانوں کی طرح رہنا چاہتے ہیں تو ان پر اللہ کے وہی حکم لاگو رہیں گے جو مومنین پر جاری ہوتے ہیں۔(صحیح مسلم کتاب الجهاد والسیر ۱۷۳۱، ۱۳۵۶، ۱۳۵۷، ۱۳۵۸)

اس حدیث سے معلوم ہوتا ہے کہ آپ صلی اللہ علیہ وسلم نے ہجرت واجب قرار نہیں دی۔ابن عباس رضی اللہ عنہ کی حدیث کے علاوہ بقیہ احادیث کا مطلب ہے کہ جس شخص کو دارالکفر میں اپنے ایمان کا خطرہ ہو صرف وہ شخص ہجرت لازمی طور پر کرے گا۔دونوں قسم کی احادیث میں تطبیق کی یہی صورت ہے ۔جو لوگ ہجرت کو واجب قرار دیتے ہیں وہ حدیث **لاھجرۃ** کا جواب دیتے ہیں کہ اس میں مکہ سے ہجرت کی نفی کی گئی ہے اس میں لفظ **بعد الفتح** کا لفظ اس بات پر دلالت کرتا ہے۔

امام شافعی رحمہ اللہ فرماتے ہیں۔رسول اللہ صلی اللہ علیہ وسلم نے اس شخص پر ہجرت فرض کر دی ہے جسے اپنے دین کا اندیشہ ہو اور ہجرت کی طاقت ہو۔جس آدمی نے ہجرت نہیں کی تھی اس کے بارے میں آیت پیش کرتے ہیں۔

﴿اِنَّ الَّذِیْنَ تَوَفّٰهُمُ الْمَلٰٓئِكَةُ ظَالِمِیْٓ اَنْفُسِهِمْ قَالُوْا فِیْمَ كُنْتُمْ...... ﴾ (النساء:97)

”وہ لوگ کہ جنہیں فرشتے فوت کرتے ہوں اور انہوں نے اپنی جانوں پر ظلم کیا ہو (فرشتے کہیں گے) تم کس حال میں تھے؟ وہ کہیں گے ہم کمزور شمار ہوتے تھے ملک میں۔ فرشتے کہیں گے کیا اللہ کی زمین وسیع نہ تھی کہ تم اس میں ہجرت کر جاتے ۔ان لوگوں کا ٹھکانہ جہنم ہے وہ بہت بری جگہ ہے۔“

اللہ نے واضح کیا ہے کہ کمزور کون لوگ ہیں، فرماتا ہے۔

﴿اِلَّا الْمُسْتَضْعَفِیْنَ مِنَ الرِّجَالِ وَالنِّسَآءِ وَالْوِلْدَانِ لَا یَسْتَطِیْعُوْنَ حِیْلَةً وَّلَا یَهْتَدُوْنَ سَبِیْلًا﴾ (النساء:98)

”کمزور وہ مرد،عورتیں اور بچے ہیں جو کسی بھی قسم کے حیلہ کی استطاعت نہیں رکھتے اور نہ ہی انہیں کوئی راستہ ملتا ہے“۔

جو شخص ہجرت کی استطاعت رکھتا ہو اس پر اللہ اور رسول صلی اللہ علیہ وسلم کی طرف سے ہجرت واجب ہے اگر اسے اپنے دین کا خطرہ لاحق ہو۔ اور اگر اس کا دین اس شہر میں محفوظ ہو تو پھر وہاں رہ سکتا ہے جیسا کہ نبی صلی اللہ علیہ وسلم نے کچھ لوگوں کو مکہ میں رہنے کی اجازت دی تھی جب انہیں وہاں امن میسر تھا' جیسا کہ عباس بن عبد المطلب رضی اللہ عنہ وغیرہ کہ انہیں فتنے کا خوف نہ تھا۔ آپ صلی اللہ علیہ وسلم اپنے بھیجے ہوئے فوجی دستوں کو کہتے تھے کہ اگر وہاں کے لوگ مسلمان ہو جائیں اور ہجرت کر لیں تو انہیں مہاجرین جیسی سہولیات وحقوق ملیں گے اور اگر اپنے علاقوں میں رہنا چاہتے ہوں تو اعراب مومنین کی طرح ہوں گے۔ صاحب نیل الاوطار اس مسئلہ مساکنۃ الکفار کے تحت لکھتے ہیں

ابن العربی رحمہ اللہ فرماتے ہیں ۔ہجرت کا معنی ہے دارالحرب سے نکل کر دارالاسلام میں جانا۔ ہجرت نبی صلی اللہ علیہ وسلم کے زمانے میں فرض تھی اور اس کے بعد بھی اس کی فرضیت اس شخص کے لئے برقرار ہے جو اپنے دین کے بارے میں خوفزدہ ہو۔ البحر الزخار نامی کتاب میں مذکور ہے کہ دارالکفر سے ہجرت کرنا بالاجماع واجب ہے جس کسی کو معصیت پر مجبور کیا جاتا ہو۔ جعفر بن مبشر (جو ھادویہ سے تعلق رکھتے ہیں ھادویہ شیعہ میں سے ایک فرقہ ہے جو محمد بن الھادی کی طرف منسوب ہے یمن میں ان کی کثرت ہے) کہتے ہیں دارالفسق کو دارالکفر پر قیاس کرتے ہوئے وہاں سے ہجرت کرنا واجب ہے۔ یہ قیاس مع الفارق ہے اس لیے کہ دارالفسق دارالاسلام ہوتا ہے کسی اسلامی ملک یا شہر میں اگر معاصی زیادہ ہو جائیں تو ان کی بنا پر اسے دارالکفر قرار نہیں دیا جا سکتا یہ روایت وعلم درایت دونوں لحاظ سے مناسب نہیں ہے۔ کن مقامات سے ہجرت کرنی چاہیے اور کن سے نہیں اس بارے میں فقہاء نے تفصیلی بحث کی ہے جو شرعی دلائل پر مبنی ہیں مگر یہاں اتنی تفصیل کی گنجائش نہیں ہے البتہ خلاصہ ان کا یہ ہے کہ مذکورۃ الصدر حالات میں ہجرت واجب قرار دی گئی ہے۔

دوسری حالت: کہ دارالکفر میں اپنے دین کے اظہار کی استطاعت نہ رکھتا ہو اور ہجرت کرنا بھی ممکن نہ ہو۔ اس حالت میں ہجرت نہ کرنے پر علماء کا اتفاق ہے اس لیے کہ قرآن کی آیت اس پر دلالت کرتی ہے۔

﴿اِلَّا الْمُسْتَضْعَفِيْنَ مِنَ الرِّجَالِ وَالنِّسَآءِ وَالْوِلْدَانِ لَا يَسْتَطِيْعُوْنَ حِيْلَةً وَّلَا يَهْتَدُوْنَ سَبِيْلًا﴾ (النساء:98)

''مگر وہ کمزور مرد، عورتیں بچے جو کسی بھی قسم کے حیلہ و ترکیب کی طاقت نہیں رکھتے اور نہ ہی انہیں کوئی راستہ ملتا ہے''۔

استطاعت نہ رکھنے کا مطلب ہے کہ یا تو مریض ہوں یا دارالکفر میں رہنے پر انہیں مجبور کیا گیا ہو یا عورتیں جو کہ کمزور ہی ہوتی ہیں بچے بھی کمزور ہوتے ہیں یا اور کوئی مجبوری اور کمزوری ہو جو ہجرت کے وجوب کو ساقط کرتی ہو، ابن قدامہ رحمہ اللہ المغنی میں لکھتے ہیں۔ دوسری حالت ان کی ہے جن پر ہجرت واجب نہیں۔ کسی مجبوری کی بنا پر جیسا کہ مرض ہو یا وہاں رہنے پر مجبور کر دیئے گئے ہوں۔ یا عورتوں اور بچوں کی فطری کمزوری وغیرہ تو آیت مذکورہ اِلَّا الْمُسْتَضْعَفِيْنَ...... کی رو سے ان پر ہجرت واجب نہیں ہے

امام شافعی رحمہ اللہ احکام القرآن میں فرماتے ہیں کہ اللہ تعالیٰ نے ہجرت کی طاقت نہ رکھنے والوں کا عذر قبول کر لیا ہے فرمان باری تعالیٰ ہے۔

﴿مَنْ كَفَرَ بِاللّٰهِ مِنْ بَعْدِ اِيْمَانِهٖٓ اِلَّا مَنْ اُكْرِهَ وَقَلْبُهٗ مُطْمَئِنٌّ بِالْاِيْمَانِ

(النحل:106)

''جس نے ایمان لانے کے بعد اللہ کے ساتھ کفر کیا الا یہ کہ اس کا دل ایمان پر مطمئن تھا۔ البتہ جس نے شرح صدر کے ساتھ کفر کیا تو ان پر اللہ کا غضب ہے اور ان کے لئے عذاب عظیم ہے''

اللہ نے کمزوروں کا یہ عذر بھی قبول فرمایا ہے۔ اِلَّا الْمُسْتَضْعَفِيْنَ مِنَ الرِّجَالِ ...... فرماتے ہیں۔ کہ اللہ و رسول صلی اللہ علیہ وسلم کی طرف سے ان لوگوں پر ہجرت فرض ہے جسے اپنے دین پر فتنے کا خوف ہو اور ہجرت کی استطاعت رکھتا ہو۔ اگر کسی کو اپنے دین کا خوف نہ ہو تو وہ دارالکفر میں رہ سکتا

ہے۔جیسا کہ نبی صلی اللہ علیہ وسلم نے مکہ میں کچھ لوگوں کو رہنے کی اجازت دی تھی۔اور کچھ لوگوں کو یہ کہا تھا کہ اگر ہجرت کرو گے تو مہاجرین جیسی سہولیات سے مستفید ہو گے۔اگر اپنے علاقے میں قیام کرتے ہو تو تمہیں اعراب مومنین کی حیثیت حاصل ہو گی۔

ابن تیمیہ رحمہ اللہ اپنے فتاویٰ کے جلد 18 میں فرماتے ہیں

”کہ ہجرت ان لوگوں کے لئے مشروع تھی جب مکہ دارالکفر ودارالحرب تھا اور ایمان صرف مدینہ میں تھا تو اس وقت دارالکفر سے دارالاسلام کی طرف ہجرت ہر اس شخص پر واجب تھی جو اس کی استطاعت رکھتا تھا۔اس مسئلے پر علماء کے اقوال مع دلائل کافی تعداد میں ہیں اور مشہور فتاوی ہیں جو محتاج بیان نہیں۔خلاصہ کلام یہ ہے کہ اس حالت میں ہجرت واجب نہیں ہے ہاں اگر کسی مؤمن کو اپنے دین وایمان کے بارے میں خوف ہو تو وہ اپنے دین کو بچانے کے لئے ہجرت کرسکتا ہے ایسے وقت میں وہ ایک لمحے کی تاخیر نہ کرے۔

تیسری حالت: دارالکفر میں اپنے دین کے اظہار کی استطاعت رکھتا ہو اور چاہت کے باوجود ہجرت ممکن نہ ہو۔اس میں اور دوسری حالت میں ایک بات تو مشترک ہے یعنی ہجرت نہ کرسکتا مگر ایک فرق ہے وہ ہے دین کے اظہار کی استطاعت۔اس شخص پر ہجرت واجب نہیں۔وہاں رہنا اس کے لئے جائز ہے جب تک کہ اللہ تعالیٰ کوئی سبب نہ بنادے۔دونوں حالتوں میں بہتر یہ ہے کہ جیسا ہی موقعہ ملے دارالاسلام کی طرف ہجرت کر جائے۔

چوتھی حالت: دارالکفر میں اپنے اظہار کی استطاعت رکھتا ہو اور ہجرت بھی ممکن ہو۔اس حالت کے بارے میں علماء کا بہت زیادہ اختلاف ہے بلکہ سارا اختلاف ہی اس میں جمع ہو گیا ہے۔بعض علماء کے خیال میں ایسی حالت میں ہجرت جائز نہیں بلکہ شافعی علماء نے تو حرام قرار دی ہے کہ اگر اللہ کی عبادت کی استطاعت ہو اور لوگوں کو اسلام کی دعوت دینے کی آزادی ہو بعض اہل علم اس حالت میں بھی ہجرت کو واجب قرار دیتے ہیں اور جو ہجرت نہ کرے اسے گناہ گار کہتے ہیں۔اس سے پہلے کہ

ہم فریقین کے دلائل اور راجح مرجوح کا تذکرہ کریں پہلے یہ معلوم ہونا چاہیے کہ ہجرت کی کئی صورتیں ہوتی ہیں ۔دارالکفر سے دارالاسلام کی طرف بدعت کے ملک وشہر سے سنت کے ملک وشہر کی طرف، فسق کے شہر یا ملک سے صالح ملک وشہر کی طرف ۔اور اس ملک وشہر سے جس کے اکثر احکام اسلامی ہوں اس ملک وشہر کی طرف جس میں مکمل طور پر اسلامی احکام رائج ہوں۔ان احوال کی بنا پر ہجرت کے احکام بھی مختلف ہوجاتے ہیں۔

جس حالت سے متعلق ہم بحث کرنا چاہتے ہیں اس کے بارے میں دلائل اور علماء کا اختلاف بیان کرنا مقصود ہے۔دلائل کی وجہ سے قول راجح کی نشان دہی چاہتے ہیں وہ مستحب یا مندوب ہجرت نہیں ہے جو بدعت کے شہر سے کی جائے اس شہر کی طرف جس میں بدعت نہ ہوں یا فسق ونافرمانی کے شہر سے نیک اور صالح قسم کے شہر کی طرف ہو، بلکہ ہمارا مقصد ہے وہ ہجرت جو دارالکفر سے دارالاسلام کی طرف ہو مزید وضاحت سے کہدوں تو ہماری مراد دارالکفر سے وہ اسلامی ملک ہے جس کے رہنے والے تو مسلمان ہوں مگر اس میں حکم غیر اسلامی نافذ ہو یا مسلمانوں کا ملک ہو اور زیادہ تر احکام غیر اسلامی ہوں یہ غیر اسلامی احکام اس طرح نافذ ہوں کہ ایک عالم یا طالب علم کی نظر میں وہ کفر بواح ہی ہوں لیکن عوام الناس کی نظر میں بعض علماء کہلانے والوں یا دین سے نابلد لوگوں نے تلبیس پیدا کردی ہو۔مثال کے طور پر کسی بھی عرب ملک کو لے لیں اس کے تمام باشندے مسلمان ہیں، مساجد نمازیوں سے بھری ہوئی ہیں، جمعہ اور عیدین میں لوگ جمع ہوتے ہیں اذانوں سے فضا گونجتی رہتی ہے ۔مگر ان ممالک کے حکمران وضعی قوانین کے مطابق حکومت کرتے ہیں جنہیں زبردستی اسلامی قوانین کہتے ہیں۔کبھی کہتے ہیں کہ یہ اسلام سے ماخوذ ہیں۔عدالتیں بھی انسانی قوانین کے مطابق کام کرتی ہیں۔نظام تعلیم لادینی ہے۔کافروں سے نفرت وبراءت کا اعلان ان ممالک میں قانوناً جرم ہے۔جہاد معطل کردیا گیا ہے اگر کسی کے بارے میں معلوم ہوجائے کہ وہ ایک مرتبہ جہاد میں جاچکا ہے تو پھر اس کا تعاقب کرتے ہیں مسلمانوں کے خلاف کافروں سے دوستیاں کی جاتی ہیں ان کی ایسی مدد کی جاتی ہے کہ جو بیان نہیں کی جاسکتی۔مزید افسوس کی بات یہ ہے کہ جن علماء کو ان ممالک میں طاقت حاصل ہے وہ

صبح شام یہی راگ الاپتے ہیں کہ یہ حکمران واجب الاطاعت ہیں اس لیے کہ یہ اولی الامر ہیں۔ان کے پیچھے چلنا لازم ہے جو ان کی اطاعت نہ کرے وہ جاہلیت کی موت مرے گا۔ یہاں ایک اہم سوال پیدا ہوتا ہے کہ ایسے ممالک کے بارے میں کیا کہا جائے کہ؛ ان سے ہجرت کرنے کا کیا حکم ہے؟ کہ کوئی مسلمان ان ممالک میں اپنے دین کا اظہار نہیں کر سکتا ہے؟

جواب: یہ ممالک اسلامی نہیں دارالکفر ہی کہا جائے گا ابن تیمیہ رحمہ اللہ کی اصطلاح میں دارالمرکبۃ ہیں کہ دین سے نکل چکے ہیں اگر ابن تیمیہ رحمہ اللہ کے دور میں یہ ممالک ہوتے تو وہ انہیں اس سے بھی کم درجہ دیتے ایسا لگتا ہے کہ شیخ رحمہ اللہ نے یہ اصطلاح انہی ممالک کے لئے وضع کی ہے لفظی اختلاف کو ایک طرف رکھ دیں کہ یہ دارالکفر ہیں یا دارالمرکبۃ ہجرت بحر دوصورت ان سے واجب ہے۔اس لیے کہ دونوں اصطلاحات کے حاملین ایسے علاقے سے ہجرت کو واجب قرار دیتے ہیں جہاں اپنے دین کا اظہار ناممکن ہو۔سوائے چند احناف کے اور کسی کو اس میں اختلاف نہیں ہے۔

چوتھی حالت کے بارے میں گفتگو اور دلائل کا تذکرہ۔

پہلاقول: ان حالات میں ہجرت کو واجب قرار نہ دینے والوں کے خیال میں اللہ نے معذور قرار دیا ہے تو ہجرت کا استحباب تو پھر بھی باقی ہے (یعنی ہجرت اگر کسی مجبوری کی وجہ سے واجب نہیں تو مستحب تو ہے) احناف کا مشہور مذہب یہی ہے سوائے حسن رحمہ اللہ کے۔

دلائل: احناف کہتے ہیں دارالحرب سے ہجرت کی اس حدیث کی وجہ سے واجب نہیں۔

((لاهجرة بعد الفتح ولكن جهاد و نية))

”اب ہجرت نہیں ہے البتہ جہاد ہے اور اس کا ارادہ ہے جب تمہیں (جہاد میں) جانے کے لئے کہا جائے تو تم چل پڑو۔“ (بخاری۔٦/٣۔مسلم۔١٤٨٧/٣)

دوسری روایت میں ہے۔((قد انقطعت الهجرة ولكن جهاد و نية))

ہجرت ختم ہو چکی ہے اب جہاد اور نیت ہے۔

جہاں تک اس حدیث کا تعلق ہے جس میں آپ صلی اللہ علیہ وسلم نے فرمایا ہے۔

((ادعھم الی التحول من دارھم الی دارالمھاجرین))

(صحیح مسلم کتاب الجھاد والسیر ۱۷۳۱ ، ۱۳۵۶،۱۳۵۷،۱۳۵۸) یہ حدیث منسوخ ہے اس کو (لاھجرۃ بعد الفتح) نے منسوخ کر دیا ہے۔ کہتے ہیں کہ یہ حدیث عام ہے اور سابقہ حدیث سے ہجرت کا جواز پیدا ہو رہا تھا وہ اس کی وجہ سے ختم ہو گیا ہے دوسری بات یہ ہے کہ نبی صلی اللہ علیہ وسلم نے عرب کے مسلمان ہونے والوں کو ہجرت کا حکم نہیں دیا تھا اور نہ ان کے اپنے علاقوں میں رہائش پر اعتراض کیا تھا۔ اور جب نبی صلی اللہ علیہ وسلم کہیں کوئی فوجی دستہ بھیجتے تو ان کے امیر سے کہتے کہ ''جب ان مشرکین سے سامنا ہو تو انہیں تین باتوں کی دعوت دو ان میں سے جو بھی منظور کر لیں اسے قبول کر لو اور جنگ سے رک جاؤ پھر انہیں دعوت دو کہ وہ اپنے علاقوں کو تبدیل کر دیں دارالمہاجرین میں چلے جائیں انہیں وہاں تمام وہ حقوق ملیں گے جو مہاجرین کو حاصل ہیں اور اگر وہ ہجرت سے انکار کر دیں اپنے علاقوں میں رہنا پسند کریں تو ان سے کہہ دو کہ انہیں اعراب مؤمنین کا درجہ حاصل رہے گا ان میں اللہ کے وہی قوانین لاگو ہوں گے جو اعراب مسلمانوں کے لئے ہیں''۔(مسلم)

آپ صلی اللہ علیہ وسلم نے ان پر ہجرت واجب نہیں کی۔

دوسری دلیل: صحیحین میں سعید بن منصور سے روایت ہے جب وہ مسلمان ہوا تو ان سے کسی نے کہا کہ جس نے ہجرت نہ کی اس کا دین نہیں وہ مدینہ آیا۔ آپ صلی اللہ علیہ وسلم نے اس سے پوچھا کہ کیوں آئے ہو؟ اس نے کہا کہ مجھے کسی نے اس طرح کہا تھا۔ آپ صلی اللہ علیہ وسلم نے فرمایا مدینے کے میدانوں میں واپس جاؤ اور وہاں لوگوں سے کہو کہ اپنے گھروں میں رہو ہجرت اب ختم ہو چکی ہے اب جہاد اور نیت ہے۔

تیسری دلیل: ابوداؤد میں ابوسعید خدری رضی اللہ عنہ سے روایت ہے ایک دیہاتی نے نبی صلی اللہ علیہ وسلم سے ہجرت کے بارے میں سوال کیا آپ صلی اللہ علیہ وسلم نے فرمایا ہجرت کا معاملہ تو

بہت سخت ہے۔ کیا تمہارے پاس اونٹ ہیں؟ اس نے کہا جی ہاں آپ صلی اللہ علیہ وسلم نے فرمایا کیا تم ان کی زکوۃ دیتے ہو؟ اس نے کہا جی ہاں۔ آپ صلی اللہ علیہ وسلم نے فرمایا تم سمندر پار بھی عمل کرتے رہو اللہ اس میں کمی نہیں کرے گا۔ نبی صلی اللہ علیہ وسلم نے ترک ہجرت کو جائز قرار دیا۔

چوتھی دلیل: ابوداؤد کی روایت ہے ایک آدمی نے عبداللہ بن عمرو رضی اللہ عنہما کے پاس آکر کہا مجھے کوئی ایسی بات بتائیں جو آپ نے جناب نبی کریم صلی اللہ علیہ وسلم سے سنی ہو ابن عمرو رضی اللہ عنہ نے کہا میں نے نبی صلی اللہ علیہ وسلم سے سنا ہے آپ صلی اللہ علیہ وسلم فرما رہے تھے مسلمان وہ ہے جس کی زبان اور ہاتھ سے مسلمان محفوظ رہیں اور مہاجر جو اللہ کی حرام کردہ اشیاء سے رک جائے یعنی ہجرت کا معنی ہے گناہوں اور معاصی کو ترک کر دینا۔

پانچویں دلیل: کہ دونوں قسم کی احادیث میں تطبیق اس طرح ہے کہ جس شخص کو اپنے ایمان کے بارے میں خطرہ لاحق ہو وہ ہجرت کرے۔ شافعی علماء کہتے ہیں کہ جو شخص دارالحرب میں اپنے دین کا اظہار کر سکتا ہو اور کسی علیحدہ جگہ میں رہ سکتا ہو۔ کفر سے محفوظ ہو تو اس پر ہجرت حرام ہے۔ اس لیے کہ اس کا وہ علیحدہ مقام ہی دارالاسلام ہے اگر اس نے ہجرت کر لی تو پورا علاقہ دارالکفر بن جائے گا لہٰذا اس طرح کرنا جائز نہیں ہر وہ مقام جہاں ایک مسلمان کفر سے محفوظ ہو وہ دارالاسلام ہے (یعنی ممکن ہے کہ اس کے وہاں رہنے سے اسلام پھیل جائے اگر یہ بھی چلا گیا تو پھر اسلام بالکل ہی وہاں سے ختم ہو جائے گا بلکہ آئندہ بھی امکان نہ رہے گا)۔ شافعیوں کی دلیل شہاب الدین دیلمی شافعی کا وہ فتوی ہو سکتا ہے جس میں ان سے سوال کیا گیا ان مسلمانوں کے بارے میں جو اندلس کے ان علاقوں میں رہتے ہیں جنہیں ارغون کہا جاتا ہے وہ عیسائی حکمران کے ماتحت رہتے ہیں اس حکومت نصرانی کو زمینوں کا ٹیکس دیتے ہیں وہ حکمران ان پر اس ٹیکس کے علاوہ کوئی ظلم نہیں کرتا مالی وجانی نقصان نہیں پہنچاتا۔ ان کو اپنی مسجدوں نمازیں پڑھنے کی اجازت ہے۔ رمضان میں روزے رکھنے۔ صدقہ کرنے کی اجازت ہے اسلامی حدود نافذ کر سکتے ہیں بلکہ عیسائیوں سے اپنے مجرم چھڑا کر شریعت کے مطابق سزا

دیتے ہیں۔شریعت پر کھلے عام عمل کرتے ہیں عیسائی انہیں کچھ نہیں کہتے ان کے دینی معاملات میں کسی قسم کی مداخلت نہیں کرتے۔وہ عیسائی مسلمان حکمرانوں کے لئے اپنے اجتماعات میں دعائیں کرتے ہیں ان کے دشمنوں کی ہلاکت کے لئے بددعائیں کرتے ہیں اس کے باوجود یہ مسلمان سمجھتے ہیں کہ شاید وہاں ہمارا رہنا گناہ میں شمار ہوتا ہو شاید عیسائی کے سرکاری احکام ماننے کی وجہ سے انہیں مرتد قرار دیا جائے؟ اس ملک سے بعض لوگ والدین کی اجازت کے بغیر حج کرنے جاتے ہیں کہ شاید وہ جانے سے منع کردیں۔کیا ایسے لوگوں کا حج صحیح ہوگا؟ کیا وہ اپنے والدین کے پاس حج کے بعد واپس اس ملک میں آسکتا ہے؟

جواب: ان مسلمانوں پر ہجرت واجب نہیں ہے اس لیے کہ یہ اپنے ملک میں اپنے دین کے اظہار کی طاقت رکھتے ہیں۔نبی صلی اللہ علیہ وسلم نے عثمان رضی اللہ عنہ کو ہی حدیبیہ والے دن مکے بھیجا اس لیے کہ وہ وہاں اپنے دین کے اظہار کی استطاعت رکھتے تھے ان لوگوں کے لئے وہاں سے ہجرت جائز ہی نہیں ہے اس لیے کہ ان کے وہاں رہنے سے امید رکھی جاسکتی ہے کہ دوسرے غیر مسلم بھی انکی کوششوں سے دائرہ اسلام میں داخل ہوجائیں اگر یہ مسلمان بھی وہاں سے ہجرت کر گئے تو وہ دارالحرب بن جائے گا جب کہ ان کے وہاں رہنے سے وہ دارالاسلام ہے۔اور جیسا کہ سوال میں بتایا گیا ہے کہ ان کو اپنے اسلام کے اظہار کی اجازت ہے کفار ان پر کوئی اعتراض نہیں کرتے اور اتنے عرصے سے یہ لوگ اس طرح رہ رہے ہیں تو ظن غالب یہی ہے کہ ان کا دین وہاں محفوظ ہے انہیں کوئی مرتد ہونے پر مجبور نہیں کرے گا جہاں تک ماں باپ کی اجازت کے بغیر حج پر جانے کی بات ہے تو اس میں حرج اس لیے نہیں کہ کسی کو حج سے روکنے کا اختیار والدین کو حاصل نہیں جیسا کہ نماز روزہ سے منع کرنے کا اختیار نہیں۔حج کے بعد واپس اس ملک میں والدین کے پاس آنا اور اس کا حج دونوں صحیح ہیں۔شوافع کی دلیل مغنی میں ابن قدامہ رحمہ اللہ کا قول بھی ہے جس میں وہ کہتے ہیں۔تیسری بات یہ ہے کہ ہجرت کس کے لئے مستحب ہے واجب نہیں ہے یہ وہ شخص ہے جو ہجرت کی طاقت رکھتا ہو لیکن وہاں رہ کر اپنے دین کے اظہار کی استطاعت بھی رکھتا ہو۔اس کے لئے ہجرت مستحب ہے تا کہ کفار

سے جہاد اس کے لئے ممکن ہو سکے۔ مسلمانوں کی کثرت ہو سکے۔ ان کی مدد ہو اور کفار کی کثرت میں کمی ہو۔ ان کے ساتھ رہنے ان کے ہاں جو منکرات ہیں ان کو دیکھنے سے محفوظ رہ سکے۔ البتہ ہجرت اس پر واجب نہیں ہے اس لیے کہ وہ بغیر ہجرت کے بھی اپنی دینی ذمہ داری پورا کر سکتا ہے اور کر رہا ہے۔ جیسا کہ عباس بن عبدالمطلب رضی اللہ عنہ مکہ میں رہتے تھے اسی طرح نعیم بن نحام رضی اللہ عنہ نے جب ہجرت کا ارادہ کیا تو اس کی قوم بنوعدی اس کے پاس آئی انہوں نے کہا ہمارے پاس ہی مقیم رہو اپنے دین پر عمل کرتے رہو جو بھی تمہیں تکلیف دے گا ہم اس سے تمہاری حفاظت کریں گے اور تم اپنے وہ معاملات جاری رکھو جو ہمارے فائدے کے لئے کرتے تھے۔ وہ یتیموں اور بیواؤں کی کفالت کا انتظام کرتا تھا تو اس نے کافی عرصے تک ہجرت نہ کی پھر کچھ مدت بعد ہجرت کی تو آپ صلی اللہ علیہ وسلم نے اس سے کہا کہ تمہاری قوم تمہارے لئے بہتر تھی بنسبت میری قوم کی میرے لیے۔ میری قوم نے مجھے نکالا میرے قتل کا ارادہ کیا جبکہ تیری قوم نے تیری حفاظت کی اس نے کہا اللہ کے رسول صلی اللہ علیہ وسلم آپ کی قوم نے آپ کو اللہ کی اطاعت کی طرف نکالا اس کے دشمن کی جہاد کی طرف نکالا جب کہ میری قوم نے مجھے ہجرت اور اللہ کی اطاعت سے روکے رکھا۔ (الاصابة فی تمییز الصحابة)

اس رائے کے پیچھے ایک اور وجہ بھی کارفرما ہے ابن العربی رحمہ اللہ نے احکام القرآن میں لکھا ہے کہ میں نے اپنے شیخ امام ابوبکر الفہری رحمہ اللہ سے کہا کہ میں اپنے علاقے مصر کو چھوڑ کر آپ کے علاقے میں آجاؤں؟ تو شیخ نے کہا کہ میں نہیں چاہتا کہ ایسے علاقے میں جاؤں جہاں جہالت غالب ہو۔ عقل کم ہو۔ تو میں نے کہا آپ مکہ کی طرف ہجرت کر جائیں اللہ کے گھر کے قریب رہیں میرے خیال میں اس ملک سے نکلنا اب فرض ہو چکا ہے جہاں بدعت اور حرام رواج قرار پا چکے ہیں وہ کہتے تھے کہ میری کوششوں سے یہاں بہت سوں کو ہدایت ملی ہے۔ بہت سے لوگ توحید کی طرف آ گئے ہیں۔ عقائد باطلہ سے رجوع کر چکے ہیں اللہ کی طرف آئے ہیں۔

ماوردی کہتے ہیں۔ جب بلاد کفر میں کوئی شخص اپنے دین کا اظہار کر سکتا ہو تو اس کی وجہ سے وہ دارالاسلام بن جاتا ہے وہاں رہنا ہجرت کرنے سے بہتر ہوتا ہے کیونکہ اس بات کی امید رہتی ہے کہ

دوسرے لوگ بھی اسلام کی طرف آ جائیں ان کے علاوہ دیگر دلائل بھی ہیں ۔ یہ مشہور دلائل تھے جو ہم نے ذکر کر دیئے۔

چوتھی حالت کے بارے میں دوسرا قول

یہ ان لوگوں کی رائے ہے جو ہجرت کے وجوب کے قائل ہیں اور ہجرت کی طاقت رکھنے کے باوجود نہ کرنے والے کو گناہ گار خیال کرتے ہیں اس لیے کہ اللہ نے اس کو معذورین میں شمار نہیں کیا ہے۔ یہ جمہور مالکیوں، حنبلیوں، شافعیوں کا مسلک ہے۔

دلائل: ان کے دلائل وہی ہیں جو ہم پہلے پیش کر چکے ہیں ان کے دوبارہ ذکر کرنے کا فائدہ نہیں وہاں ملاحظہ کیے جا سکتے ہیں۔ مثلاً ''اِنَّ الَّذِيْنَ تَوَفّٰهُمُ الْمَلٰئِكَةُ.......... اورانا بریٔ من کل مسلم ...... اورلا تنقطع الهجرة.......... اورلا يقبل الله من مشرك.......... وغیرہ'' جن احادیث میں ہجرت سے منع کیا گیا ہے مثلاً لا هجرة بعد الفتح اور ان الهجرة قد انقطعت وغیرہ ان کا جواب یہ لوگ دیتے ہیں کہ ان کا مطلب ہے مکہ سے ہجرت نہیں کرنا چاہیے کہ اب فتح مکہ کے بعد وہ دارالاسلام بن چکا ہے قیامت تک کے لئے ۔جب کفار کا کوئی ملک مسلمان فتح کرلیں تو وہ دارالاسلام بن جاتا ہے وہاں سے ہجرت نہیں ہوتی۔ بلکہ اس کی طرف ہجرت کی جاتی ہے۔

راجح مذہب کون سا ہے؟

دونوں قسم کے اقوال میں غور کرنے سے معلوم ہوتا ہے کہ قول ثانی صحیح اور واضح ہے اس کے دلائل میں تاویل کی ضرورت نہیں رہتی میرے خیال میں قول ثانی ہی راجح ہے۔اس لیے کہ مخالفین کی سب سے مضبوط دلیل ''لا هجرة بعد الفتح '' ناسخ ہے ہجرت کے حکم اور ''ان الهجرة قد انقطعت '' بھی ناسخ ہے۔ یہ ناسخ اس لیے نہیں کہ بقول ابن العربی رحمہ اللہ ان میں مکہ سے ہجرت کی ممانعت ہے کہ وہ اب دارالاسلام بن چکا ہے۔اسی طرح ہر وہ ملک یا شہر جسے مسلمان فتح کرلیں وہاں سے ہجرت نہیں کی جائے گی۔ دوسری دلیل ''المسلم من سلم المسلمون '' میں ترک معاصی کو

ہجرت کہا گیا ہے تو اس سے بدنی ہجرت کی نفی نہیں ہوتی نہ ہی ان دونوں میں تعارض ہے۔

بلکہ جسمانی ہجرت کے ساتھ معاصی سے اجتناب لازم ہے جبکہ کفر کے علاقے میں رہنا تو گناہوں اور معاصی کے ساتھ رہنا ہے اگرچہ ان کا ارتکاب نہ کرتا ہو، دونوں قسم کی ہجرت مقصود ہے قاعدہ یہ ہے کہ دونوں قسم کی دلیلوں پر عمل دونوں میں ایک کو بے کار کر دینے سے بہتر ہے جب تک تطبیق ناممکن نہ ہو نسخ کسی حکم کو باطل قرار دینا ہے یہ مناسب نہیں ہے کہ کسی شرعی حکم کو رد کر دیا جائے اور ذمہ داری سے بری ہوا جائے جبکہ نسخ ثابت نہ ہو جو رائے میں نے اختیار کی ہے یہ دعوت سلفیہ کے ائمہ کی بھی ہے نجدی رسائل میں بھی یہی ہے۔

شیخ محمد بن عبدالوہابؒ کی تالیفات میں بھی یہی کچھ ہے۔

شیخ عبدالرحمٰن بن حسنؒ نے کہا ہے کہ ابن حجرؒ نے لکھا ہے کہ جس طرح بلاد کفر سے ہجرت واجب ہے اسی طرح ان اسلامی ممالک سے بھی واجب ہے جہاں کوئی مسلمان اپنی ذمہ داری کا اظہار کرے مگر کوئی اسے قبول نہ کرے یا اس کے اظہار پر قادر نہ ہو۔

شیخ عبدالرحمٰن رحمہ اللہ کہتے ہیں اس طرح ہر ملک یا شہر سے بھی ہجرت واجب ہے جہاں معاصی پر عمل ہوتا ہو اور ان کی تبدیلی ممکن نہ ہو ہجرت کر کے وہاں جانا چاہیے جہاں عبادت کی جاتی ہو۔

اللہ کا فرمان ہے۔ ﴿فَلَا تَقْعُدْ بَعْدَ الذِّكْرٰى مَعَ الْقَوْمِ الظّٰلِمِيْنَ﴾ (انعام:68)

''یاد آنے کے بعد ظالم قوم کے ساتھ مت بیٹھو''۔

ان وجوہات کی وجہ سے ہم نے قول ثانی کو ترجیح دی ہے اس کے ساتھ ساتھ ہر مسلمان کو چاہیے کہ وہ دین کے اظہار کا معنی بھی سمجھے۔

اظہار دین کا مقصد؟

بہت سے لوگ سمجھتے ہیں کہ دین کے اظہار کا مطلب ہے کہ مسلمان کسی ملک میں نماز پڑھ سکتے ہوں

۔روزے رکھ سکیں۔قرآن کی تلاوت کرسکیں چاہے یہ کام دارالکفر میں کریں یا دارالحرب میں اور کوئی اعتراض نہ کرتا ہو تکلیف نہ دیتا ہو۔جب اس طرح ہوسکتا ہو تو یہ دین کا اظہار ہے۔مگر یہ انتہائی غلط سوچ اور رائے ہے اس کا رد بہت ضرری ہے۔

اللہ تعالیٰ فرماتا ہے۔

﴿ قَدْ كَانَتْ لَكُمْ اُسْوَةٌ حَسَنَةٌ فِيْٓ اِبْرَاهِيْمَ وَالَّذِيْنَ مَعَهٗ اِذْ قَالُوْا لِقَوْمِهِمْ اِنَّا بُرَءٰٓؤُا مِنْكُمْ وَمِمَّا تَعْبُدُوْنَ مِنْ دُوْنِ اللّٰهِ ز كَفَرْنَا بِكُمْ وَبَدَا بَيْنَنَا وَبَيْنَكُمُ الْعَدَاوَةُ وَالْبَغْضَآءُ اَبَدًا حَتّٰى تُؤْمِنُوْا بِاللّٰهِ وَحْدَهٗٓ اِلَّا قَوْلَ اِبْرٰهِيْمَ لِاَبِيْهِ لَاَسْتَغْفِرَنَّ لَكَ وَمَآ اَمْلِكُ لَكَ مِنَ اللّٰهِ مِنْ شَيْءٍ رَبَّنَا عَلَيْكَ تَوَكَّلْنَا وَاِلَيْكَ اَنَبْنَا وَاِلَيْكَ الْمَصِيْرُ ﴾ (الممتحنہ:4)

”تمہارے لئے ابراہیم علیہ السلام اور ان کے ساتھی بہترین نمونہ ہیں جب انہوں نے اپنی قوم سے کہا کہ ہم تم اور تمہارے معبودوں سے بری ہیں ہم تمہاری باتوں کا انکار کرتے ہیں ہمارے اور تمہارے درمیان دشمنی ونفرت ظاہر ہوچکی ہے جب تک کہ تم ایک اللہ پر ایمان نہ لاؤ سوائے ابراہیم (علیہ السلام) کے قول کے جو انہوں نے اپنے باپ سے کہا تھا کہ میں تمہارے لیے اپنے رب سے بخشش مانگوں گا میں اللہ کے ہاں تمہارے لیے کوئی اختیار نہیں رکھتا۔اے اللہ تجھ پر ہی ہمارا بھروسہ ہے تیری طرف رجوع کرتے ہیں تیری طرف جانا ہے“۔

اس آیت سے معلوم ہوتا ہے کہ اظہار دین کا معنی ہے کفر کے نظام کا اعلانیہ انکار ان سے دشمنی کا واضح اعلان۔اور یہ بتانا کہ اگر ہم ان پر غالب آگئے تو ہم انہیں زمین پر (اس حال میں) نہیں رہنے دیں گے۔جب نبی صلی اللہ علیہ وسلم نے عمر بن خطاب رضی اللہ عنہ سے بدر کے قیدیوں کے بارے میں رائے مانگی تو انہوں نے کہا کہ میری رائے ابوبکر رضی اللہ عنہ والی نہیں ہے میں چاہتا ہوں کہ آپ میرے رشتہ دار میرے ہاتھ میں دیں تا کہ میں ان کی گردن ماردوں اور عقیل کو علی رضی اللہ عنہ کے حوالے کردیں وہ اسے

قتل کردیں فلاں کو حمزہ رضی اللہ عنہ کے حوالے کردیں وہ اس کو قتل کردیں تا کہ اللہ کو معلوم ہو کہ ہمارے دلوں میں ان مشرکین کے لئے کوئی نرمی نہیں ہے۔ یہ لوگ ان کافروں کے سرغنہ وسردار ہیں مگر نبی صلی اللہ علیہ وسلم ابوبکر رضی اللہ عنہ کی رائے کی طرف مائل ہوگئے اور ان سے فدیہ قبول کرلیا عمر رضی اللہ عنہ کہتے ہیں جب میں اگلے دن نبی صلی اللہ علیہ وسلم کے پاس گیا تو آپ صلی اللہ علیہ وسلم اور ابوبکر رضی اللہ عنہ بیٹھے رو رہے تھے میں نے کہا اللہ کے رسول صلی اللہ علیہ وسلم آپ کو اور آپ کے ساتھی کو کس چیز نے رلایا ؟ نبی صلی اللہ علیہ وسلم نے فرمایا میں نے تمہارے ساتھیوں کی فدیہ لینے والی بات مان لی اس نے مجھے تمہاری سزا اس درخت سے بھی زیادہ قریب دکھادی ہے۔ اللہ نے آیت نازل کی۔

﴿مَا كَانَ لِنَبِيٍّ اَنْ يَّكُوْنَ لَهٗٓ اَسْرٰى حَتّٰى يُثْخِنَ فِى الْاَرْضِ﴾

(الانفال: 67)

''کسی نبی کے لئے جائز نہیں کہ اس کے پاس قیدی ہوں اور وہ ان کا خون نہ بہائے

''۔

﴿ فَكُلُوْا مِمَّا غَنِمْتُمْ حَلٰلاً طَيِّبًا﴾ (الانفال:68)

''مال غنیمت میں سے حلال اور طیب کھاؤ''۔

جب احد کی جنگ ہوئی تو پھر ستر کافر مارے گئے اور نبی صلی اللہ علیہ وسلم کے صحابہ رضی اللہ عنہم اجمعین بھی آپ کے پاس سے فرار ہوگئے تھے آپ صلی اللہ علیہ وسلم کے دانت مبارک شہید ہوگئے ۔آپ صلی اللہ علیہ وسلم کے چہرے سے خون بہہ نکلا۔ اللہ نے آیت نازل کی ﴿ اَوَلَمَّا اَصَابَتْكُمْ مُّصِيْبَةٌ قَدْ اَصَبْتُمْ مِّثْلَيْهَا لا قُلْتُمْ اَنّٰى هٰذَا قُلْ هُوَ مِنْ عِنْدِ اَنْفُسِكُمْ اِنَّ اللّٰهَ عَلٰى كُلِّ شَىْءٍ قَدِيْرٌ﴾ '' کیا جب تم کو ایک مصیبت پہنچی کہ تم اس جیسی دوگنی مصیبت پہنچا چکے تو تم نے کہا یہ کہاں سے آئی ؟ کہدو یہ تمہارے نفسوں کی طرف سے ہے اللہ ہر چیز پر قادر ہے۔ یہ فدیہ لینے کی سزا ہے۔(مسلم ۔ابوداؤد۔ترمذی)

قَدْ كَانَتْ لَكُمْ اُسْوَةٌ حَسَنَةٌ فِيْٓ اِبْرٰهِيْمَ..........وَاِلَيْكَ الْمَصِيْرُ ،کے بارے میں

امام طبری رحمہ اللہ نے اپنی تفسیر میں جو کچھ لکھا ہے اس کا خلاصہ یہ ہے۔ اللہ تعالیٰ اس آیت میں نبی صلی اللہ علیہ وسلم کے صحابہ مؤمنین رضی اللہ عنہم کو یاد دلا رہے ہیں کہ ابراہیم علیہ السلام اور اس کے ساتھی تمہارے لئے نمونہ ہیں۔ کہ جب انہوں نے اپنی قوم جو کہ کافر تھی طاغوت کی عبادت کرتی تھی ان سے کہا کہ ہم تم سے اور تمہارے خداؤں سے بیزار ہیں جب تک تم ایک اللہ پر ایمان نہ لاؤ ہمارے اور تمہارے درمیان دشمنی ونفرت رہے گی۔ اس آیت میں اللہ سابقہ انبیاء کا قول نقل کررہے ہیں کہ وہ اپنی قوموں سے یہ کہتے تھے کہ ہم تمہارے دین کے حق ہونے کا انکار کرتے ہیں ہماری تم سے دشمنی ونفرت تمہارے کفر کی بنیاد پر ہے ہمارے اور تمہارے درمیان صلح صرف اس شرط پر ہوسکتی ہے کہ تم ایک اللہ پر ایمان لے آؤ ابراہیم علیہ السلام نے اپنے والد سے جو کہا تھا کہ میں تمہارے لیے مغفرت کی دعا مانگوں کا تو اس میں تمہارے لیے اسوہ نہیں ہے۔ ابن کثیر رحمہ اللہ سے بھی اسی طرح کی تفسیر منقول ہے۔

الدرر السنیۃ میں شیخ محمد بن عبدالوہاب رحمہ اللہ فرماتے ہیں۔ دین کے اظہار کا معنی ہے کافروں کے دین کا انکار ان کے دین کو معیوب کہنا اور سمجھنا، ان سے برأت کا اعلان، ان کی دوستی سے بچنا ان سے علیحدہ رہنا، صرف نماز پڑھنا دین کا اظہار نہیں ہے، یا یہ کہہ دیں کہ ہم ان سے نماز علیحدہ پڑھتے ہیں ان کا ذبیحہ نہیں کھاتے یہ باتیں دین کے اظہار کے لئے کافی نہیں ہیں۔

شیخ حمد بن عتیق رحمہ اللہ کہتے ہیں۔ اظہار دین کا معنی ہے جو شخص رب کو ایک نہیں مانتا اس کے ساتھ مسلسل دشمنی ونفرت رکھنا جس نے علم وعمل سے یہ ثابت کردیا اور اس کا اس طرح اظہار کردیا کہ اس کے علاقے کے لوگوں کو معلوم ہوگیا تو اس پر ہجرت واجب نہیں ہے۔ جو اس طرح نہیں کرتا بلکہ یہ سمجھتا ہے کہ جب مجھے نماز روزہ اور حج کی آزادی حاصل ہے تو مجھ پر ہجرت لازم نہیں تو یہ اس شخص کی دین سے ناواقفیت ہے انبیاء علیہم السلام کے پیغام سے لاعلمی ہے اس لیے کہ جب کسی ملک میں اہل باطل قبر پرستوں اور شرابیوں، جواریوں کی حکمرانی ہو صرف شرک کے شعائر پر راضی ہوں طاغوت کے احکام رائج ہوں جو بھی ملک اس طرح کا ہو تو کتاب وسنت کا کم سے کم علم رکھنے والا جانتا ہے کہ یہ لوگ پیغمبر علیہم السلام کے طریقے پر نہیں ہیں۔ (الدرر السنیۃ ۱۔ص ۴۱۳۔۴۱۸)

ایک اہم بات کی وضاحت

میری سمجھ میں اب تک اس بات کی وضاحت نہیں آسکی کہ کیا صرف اعلان عداوت کافی ہے؟ جیسا کہ ابراہیم علیہ السلام کے بارے میں کہا گیا تھا۔

﴿سَمِعۡنَا فَتًى يَّذۡكُرُهُمۡ يُقَالُ لَهٗۤ اِبۡرٰهِيۡمُ﴾ (الانبیاء:60)

''ہم نے ایک نوجوان کو (ان کی برائیاں کرتے) سنا تھا جو ابراہیم ہے۔''

یہاں تک ان کے سامنے یا ان کے مخبروں کے سامنے بات بھی نہ کرسکتا ہو؟ یا اونچی آواز سے اعلان کردینا کافی ہے؟

دلائل میں غور کرنے والا جان سکتا ہے کہ جس شخص کے بارے میں ان کے دشمنوں یا مؤمنوں دونوں میں سے کسی کو پتہ نہ ہو کہ اس نے کافروں سے برأت و بیزاری اور مرتدین اور ان کے دین سے نفرت کا اعلان کیا ہے۔ تو ایسے شخص پر لازم ہے کہ وہ کسی بھی طرح اس کا اظہار کردے ورنہ ہجرت کرلے اگر ممکن ہو ورنہ گناہ گار شمار ہوگا۔

ہجرت کے بنیادی اصول؟

① ہجرت کرنے والے کو چاہیے کہ ہجرت میں اخلاص نیت سے کام لے اور ثواب کی امید رکھے۔ صرف دین کی مدد کے لئے ہجرت کرے دین کو فتنوں سے بچانے کے لئے علاقہ یا ملک چھوڑ دے۔ اس نیت سے نہ کرے کہ اسے دوسری جگہ اچھی زندگی مل جائے اس لیے کہ ہجرت کا مقصود رزق کی تلاش نہیں ہے۔ ﴿وَمَنۡ يُّهَاجِرۡ فِىۡ سَبِيۡلِ اللّٰهِ...... النساء: 99﴾ آیت کے ضمن میں علامہ ابن کثیر رحمہ اللہ لکھتے ہیں کہ قتادہ رحمہ اللہ فرماتے ہیں کہ ہجرت کا مقصد گمراہی سے نکل کر ہدایت کی طرف جانا ہو نہ کہ قلت سے غنی کی طرف جانا ہے۔ یہ اس پریشانی کا مداوا کرتی ہے کہ اگر ہجرت کی راہ میں تکالیف آتی ہیں اور یہاں تک کہ موت بھی آجائے تو اجر اللہ کے ہاں ثابت ہو چکا ہے۔ وَمَنۡ يَّخۡرُجۡ مِنۡۢ بَيۡتِهٖ مُهَاجِرًا ...... جو ہجرت کرکے گھر سے نکلا اللہ و رسول صلی اللہ علیہ وسلم کی طرف راستے

میں اسے موت آئی تو اس کا اجر اللہ پر ثابت ہو گیا۔اس لیے کہ دین کی راہ میں موت متوقع ہوتی ہے اس لیے تسلی دی گئی ہے کہ اجر ضائع نہ ہو گا۔

شیخ عبدالرحمٰن بن حسن رحمہ اللہ الدرر السنیۃ میں لکھتے ہیں اگر ہجرت کرنے والوں کو سلامتی،عزت، مرتبہ،مدد و غلبہ مل جائے جیسا کہ رسول اللہ صلی اللہ علیہ وسلم اور آپ صلی اللہ علیہ وسلم کے صحابہ رضی اللہ عنہم و متبعین کو یہ سب کچھ ملا تو جہاد و ہجرت کا ثواب پھر بھی ملے گا اللہ کا دین بلند ہو گا اللہ کی زمین پر اللہ کی اطاعت ہو گی بے شمار نعمتیں انہیں ملیں گی۔جیسا کہ اللہ کا ارشاد ہے۔

﴿وَالَّذِيْنَ هَاجَرُوْا فِي اللّٰهِ مِنْ بَعْدِ مَا ظُلِمُوْا لَنُبَوِّئَنَّهُمْ فِي الدُّنْيَا حَسَنَةً وَلَأَجْرُ الْاٰخِرَةِ اَكْبَرُ لَوْ كَانُوْا يَعْلَمُوْنَ﴾ (النحل:41)

”جن لوگوں نے ظلم کی وجہ سے اللہ کی راہ میں ہجرت کی ان کے لئے دنیا میں اچھائی ہے اور آخرت کا اجر بہت بڑا ہے اگر یہ جانتے ہوں“۔

ہجرت کرنے والوں کو یہ نہیں سوچنا چاہیے کہ ہمیں دنیا میں وہی کچھ ملے گا جو بہت سے مسلمانوں کو ملا ہے جیسا کہ جزائر وغیرہ میں لوگوں کو ہجرت یا جہاد کی دعوت دی گئی اور ان سے اچھے وعدے کئے گئے مگر جب انہیں وہ سب کچھ نہ ملا جس کا وعدہ کیا گیا تھا بلکہ انہیں تکالیف و مصائب کا سامنا کرنا پڑا تو ان کی زبانوں پر ایسے شکوے شکایات آنے لگیں جن سے اللہ کے بارے میں بدگمانی ظاہر ہوتی تھی اللہ ایسے بدگمانیوں سے پاک ہے

② دارالکفر اور دارالحرب کے بارے میں تحقیق کرے۔ہم یہاں مسلمانوں کے سامنے دارالمرکبۃ کی وضاحت کرنا بھی چاہتے ہیں جس کے بارے میں انہیں زیادہ معلومات نہیں ہیں جیسا کہ معاصی پر مصر رہنے والوں کا علاقہ ہوتا ہے کہ کسی کو اپنے دین کے اظہار کی طاقت نہیں ہوتی ایسے علاقے کے بارے میں شیخ الاسلام ابن تیمیہ رحمہ اللہ سے سوال کیا گیا کہ ایسے علاقے کو دارالاسلام کہا جائے یا نہیں؟ اور کیا کسی مسلمان کو وہاں رہنا چاہیے یا نہیں؟ اسے ہجرت کرنی چاہیے یا نہیں؟ اور اگر ہجرت نہ کرے اور مسلمانوں کے دشمنوں کی مالی یا جسمانی طور پر مدد کرے تو وہ گناہ گار ہو گا یا نہیں کیا

اسے منافق کہا جائے گا یا نہیں؟

جواب: انسان سرکشوں اور برائیوں ومعاصی پر مصر رہنے والوں کے پاس رہے یا کہیں اور اس پر دشمنان اسلام کی مدد کرنا حرام ہے اگر یہ اس علاقے میں اپنے دین کا اظہار نہ کر سکتا ہو تو اس پر ہجرت واجب ہے ورنہ مسلمانوں کے خلاف دشمنوں کی جانی ومالی مدد حرام ہے اس کام سے ان کو اجتناب کرنا چاہیے جس طرح بھی ممکن ہو چاہے وہاں سے غائب ہو جائے۔ انکار کر دے یا کوئی اور طریقہ اختیار کرے۔ اگر ان میں سے کوئی راستہ نہ ہو تو پھر ہجرت لازم ہے۔ البتہ ایسے لوگوں کو منافق کہنا درست نہیں نہ ہی انہیں برا بھلا کہنا چاہیے۔ اس لیے کسی کو منافق تبھی کہا جا سکتا ہے جب کتاب وسنت میں مذکور وجوہات وصفات موجود ہوں۔ ان منافقین میں بعض سرکش ونافرمان شامل ہیں جہاں تک اس بات کا تعلق ہے کہ ایسے علاقے کو دار الحرب کہیں یا دار الاسلام؟ تو یہ دار المرکبۃ ہے نہ یہ دار الاسلام ہے کہ اس پر اسلامی احکام لاگو ہوں اس لیے کہ اس کی فوج مسلمان ہے۔ نہ ہی یہ دار الحرب ہے کہ اس کے باشندوں کو کفار کہا جائے یہ تیسری قسم ہے اس میں مسلمان وکافر کے ساتھ ان کی حیثیت کے مطابق سلوک کیا جائے گا۔ ان حالات میں ہجرت کے وجوب کے بجائے استحباب کا حکم لگانا ممکن ہے اگر دین کے اظہار کی طاقت ہو۔ تاکہ کسی کو گناہ گار قرار دینا نہ پڑے بغیر کسی صریح دلیل کے اگر ایسے علاقے میں دین کے اظہار کی استطاعت نہ ہو تو پھر ہجرت واجب ہے۔

③ عالم کی جو ذمہ داری ہے وہ عام آدمی پر نہیں ہے اگر کوئی عالم کسی سرکشوں کے علاقے میں رہتا ہو تو وہ دعوت کی نیت سے رہ سکتا ہے مگر عام مسلمانوں کا تو یہ مقصد نہیں ہے۔ اس لیے اگر کسی فرد کے وہاں رہنے میں دینی مصلحت ہے تو اس پر ہجرت واجب نہیں مگر دوسرے لوگوں پر تو ہے ان کے رہنے میں تو کوئی مصلحت نہیں ہے؟ وہ وہاں کیوں رہ رہے ہیں صرف تکلیفوں اور مشقتوں اور دیگر مسلمانوں کو خوفزدہ کرنے کا سبب بننے کیے لئے؟

④ ابن قدامہ رحمہ اللہ نے المغنی میں جو کچھ لکھا ہے اس سے بھی صرف نظر نہیں کیا جا سکتا جب وہ کہتے ہیں کہ کسی پر ہجرت واجب نہیں ہوتی اس لیے کہ مستحب ہوتی ہے۔ یعنی جو شخص اپنے دین

کا اظہار کرسکتا ہو اور ہجرت ممکن ہو تو اس کے لئے ہجرت مستحب ہے تاکہ مسلمانوں کی کثرت، مدد، غلبہ کا ذریعہ بنے اور کفار کی قلت اور ان سے جہاد کا سبب ہو۔

⑤ مسلمان مؤمن کو چاہیے کہ جس جگہ سے ہجرت کرے تو اس جگہ جائے جو پہلی والی سے بہتر ہو ورنہ ہجرت واجب نہیں ہوگی ہاں اگر کسی ایسے علاقہ میں جائے جو پہلے والے کی نسبت معاصی سے خالی ہو تو دارالکفر سے ہجرت کرسکتا ہے۔ظلم کے علاقے سے انصاف کے علاقے کی طرف ۔نافرمانی کے علاقے سے فرمانبرداری کے علاقے کی طرف ہجرت کی جاسکتی ہے۔مگر شر کے علاقے سے شر کے علاقے کی طرف اور نافرمانی کے علاقے سے نافرمانی کے علاقے کی طرف ہجرت صرف تکلیف اٹھانے کا سبب ہے اور کچھ نہیں۔اگر کوئی اچھا علاقہ نہ ہو بلکہ ہر طرف نافرمانیاں پھیلی ہوئی ہوں تو جہاں کھلی نافرمانیاں ہوتی ہوں وہاں سے ہجرت کرسکتا ہے کم نافرمانی والے علاقے کی طرف ۔ یا جس جگہ منکرات ۔زنا۔ظلم ۔زیادہ ہو۔وہاں سے اس جگہ جاسکتا ہے جہاں یہ چیزیں کم ہوں۔

(التاج المهذب بتصرف)

میرا خیال ہے کہ اگر کوئی مسلمان ایسے علاقے میں رہتا ہو جس کے حالات کا علم نہ ہو تو وہ اس علاقے کی طرف ہجرت کرسکتا ہے جس میں شرک مخفی ہو بنسبت پہلے والے علاقے کے اور جس کی طرف جانا چاہتا ہے اس کے بارے میں مکمل معلومات تو نہ ہوں مگر اس کے باشندوں کے بارے میں اتنا معلوم ہو کہ وہ اسلام کے مطابق ہیں البتہ اس میں مختلف قسم کے شرک پائے جاتے ہیں جیسا کہ مزارات یا کافر حکمرانوں کی تعظیم، یا جہاد معطل ہو وغیرہ جو کہ آج کل تقریباً اسلامی ممالک کے دعوے دار تمام ممالک کا حال ہے ۔تو ہجرت کرنے والے کو چاہیے کہ پہلے اچھی طرح معلومات کرلے تاکہ ہجرت کے بعد بھی ان مصائب کا شکار نہ ہو جو ہجرت سے پہلے تھا۔

⑥ جس علاقے کی طرف ہجرت کی ہے بغیر کسی عذر کے وہاں سے واپس نہ آئے ورنہ گناہ کبیرہ کا مرتکب شمار ہوگا۔

شیخ عبداللہ بن عبداللطیف رحمہ اللہ کہتے ہیں ۔ نبی صلی اللہ علیہ وسلم نے ارطاویہ کے اس آدمی کے بارے میں بتلایا ہے (جس نے ہجرت کی تھی اور پھر واپس اپنے گاؤں آ گیا تھا۔ آپ صلی اللہ علیہ وسلم نے فرمایا وہ شخص جو اپنے علاقے میں مقیم رہا اس مہاجر سے بہتر ہے جو ہجرت کر کے پھر واپس آیا اور ہجرت سے نکل گیا۔ (ان الفاظ سے یہ حدیث مجھ کو نہیں ملی شاید کے شیخ نے بالمعنی روایت کی ہو البتہ طبرانی میں جابر رضی اللہ عنہ سے روایت ہے۔''لعن اللّٰه من بدا بعد الهجرة...... ''اس شخص پر اللہ کی لعنت ہے جو ہجرت کے بعد واپس ہوا۔ میری معلومات کے مطابق ارطاویہ کے کچھ لوگوں نے ہجرت کی پھر دوبارہ اپنے علاقے کی طرف لوٹ آنے کا ارادہ کرنے لگے ان کے بارے میں آپ صلی اللہ علیہ وسلم کا یہ فرمان ہے۔

ہجرت کے بعد واپسی بہت بڑی آزمائش ہے اس سے انسان ارتداد کا بھی شکار ہوسکتا ہے اور ان مرتدین میں شمار کیا جاسکتا ہے جو ہدایت کے بعد گمراہی میں مبتلا ہو گئے تھے اس میں احتیاط کی شدید ضرورت ہے اور انتہاء درجے کا صبر درکار ہے اللہ سے دعا ہے کہ وہ فتنے سے محفوظ رکھے اور ہجرت کرنے کے بعد دار الہجرۃ میں ہی قیام کی توفیق عطا فرمائے۔ آمین یارب العالمین۔

(الدرر السنية ج 1 جلد 18)

ابن حجر رحمہ اللہ فتح الباری میں فرماتے ہیں۔ التعرب فی الفتنة کا معنی ہے اعراب کے ساتھ رہائش اختیار کرنا یعنی کوئی شخص ایک جگہ سے ہجرت کر لے پھر واپس آ کر اعرابی کی زندگی گذارے۔ یہ کام اس زمانے میں حرام تھا اِلَّا یہ کہ نبی صلی اللہ علیہ وسلم جس کو اجازت دے دیتے اجازت کا سبب صرف فتنے میں مبتلا ہونے کا اندیشہ تھا۔ جیسا کہ احادیث میں اس کی طرف اشارہ موجود ہے۔ بعض لوگ کہتے ہیں کہ دار الہجرۃ سے واپس آنا فتنے کے باوجود بھی منع ہے اس لیے کہ یہ اہل حق کے لئے شرمندگی کا باعث بنے گا۔ سلف کا البتہ اس بارے میں اختلاف ہے۔ بعض علماء نے فتنوں سے دور ہونے اور اپنے دین کی سلامتی کے لئے جائز قرار دیا ہے جیسا کہ سعد اور محمد بن مسلمہ رضی اللہ عنہما اور ابن عمر رضی اللہ عنہما وغیرہ ایک جماعت ہے۔ اور کچھ لوگ قتال کو بھی ساتھ ملاتے ہیں یہ جمہور کا مسلک

ہے۔

امام نسائی رحمہ اللہ نے ابن مسعود رضی اللہ عنہ سے مرفوع حدیث روایت کی ہے ''اللہ نے لعنت کی ہے سود کھانے والے کھلانے والے پر اور ہجرت کے بعد اعرابی بن کر واپس آنے والے پر'' ابن اثیر رحمہ اللہ النھایہ میں لکھتے ہیں کہ بلا عذر ہجرت سے واپس آنے والے کو (سلف) مرتد کی طرح شمار کرتے تھے۔

سنن بیہقی کبری میں ہے۔ **باب ماجاء فی التعرب** مسروق رحمہ اللہ عبداللہ رضی اللہ عنہ سے روایت کرتے ہیں۔ ''اللہ نے لعنت کی ہے سود کھانے والے کھلانے والے پر، گواہ پر جب انہیں معلوم ہو۔ گودنے والی گدوانے والی پر زکوٰۃ میں ٹال مٹول کرنے والے پر اعرابی بن کر ہجرت سے واپس آنے والے پر یہ سب نبی صلی اللہ علیہ وسلم کی زبانی ملعون ہیں (یحیی بن عیسیٰ متفرد ھیں)

پھر باب باندھا ہے۔ ((**باب ماجاء فی الرخصة فیه فی الفتنة**)) سلمہ بن اکوع رضی اللہ عنہ حجاج کے پاس گئے تو حجاج نے کہا ابن الاکوع تم اپنے پاؤں پر پھر گئے مرتد ہو گئے ہو؟ ہجرت کے بعد اعرابی بن گئے؟ سلمہ نے کہ نہیں۔ لیکن رسول اللہ صلی اللہ علیہ وسلم نے مجھے واپس اپنے علاقے میں جانے کی اجازت دی تھی۔ (بخاری و مسلم)

یزید بن ابی عبید رحمہ اللہ کہتے ہیں جب عثمان رضی اللہ عنہ کو شہید کر دیا گیا تو سلمہ بن اکوع رضی اللہ عنہ ربذہ مقام کی طرف گئے وہاں ایک عورت سے شادی کی بچے پیدا ہو گئے یہ وہیں رہے انتقال سے کچھ عرصہ قبل مدینہ واپس آ گئے۔ (بخاری)

امام طحاوی رحمہ اللہ نے مشکل الآثار میں دونوں قسم کی حدیث میں تطبیق دی ہے سلمہ رضی اللہ عنہ کی مذکورہ حدیث تحریر کرنے کے بعد کہتے ہیں۔ سلمہؓ سے (ربذہ سے مدینہ واپس آنے کے بعد) بریدہ بن حصیب رضی اللہ عنہ نے ملاقات کی تو اس نے کہا سلمہ کیا تم اپنی ہجرت سے واپس آ گئے میں نے رسول اللہ صلی اللہ علیہ وسلم کو فرماتے سنا ہے آپ صلی اللہ علیہ وسلم نے اسلم قبیلہ سے کہا دلیر بنو، ہواؤں کا مقابلہ کرو، یا ہواؤں کے ساتھ چلو، گھاٹیوں میں رہو، انہوں نے کہا اللہ کے رسول صلی اللہ علیہ وسلم ہم ڈرتے

ہیں کہ یہ چیزیں ہمیں نقصان دیں گے۔ آپ صلی اللہ علیہ وسلم نے فرمایا تم مہاجرین ہو جہاں بھی ہو۔

امام طحاوی رحمہ اللہ کہتے ہیں اگر کوئی اعتراض کرے کہ یہ حدیث جو آپ نے روایت کی ہے سابقہ حدیث کے برعکس ہے تو اس کا جواب یہ دوں گا کہ پہلی حدیث جو ہم نے بیان کی ہے جس میں نبی صلی اللہ علیہ وسلم نے واپس آنے والے پر لعنت کی ہے اس سے مراد مرتد ہے مرتد کی ہجرت بھی ختم ہو جاتی ہے ارتداد اس کو ہجرت سے نکال دیتی ہے جس میں اطاعت کرنی تھی اعرابی بنا دیتی ہے جس میں اطاعت نہیں ہے جبکہ قبیلہ اسلم ایسا نہیں تھا بلکہ وہ تو اس کے خلاف تھا وہ واپس جانا ہی نہیں چاہتے تھے (جیسا کہ عائشہ رضی اللہ عنہا سے مروی ہے) اس حدیث میں اس بات کی دلیل بھی ہے کہ یہاں بدوی یعنی اعرابی بننے سے مراد ہے کہ جب انہیں بلایا جائے تو وہ بلانے پر آ جائیں تو یہ مذموم نہیں ہے جس اعرابیت یا تعرب اور بدوی کی مذمت کی گئی ہے وہ یہ ہے کہ جب انہیں بلایا جائے تو وہ پکار کو قبول نہیں کرتے۔ جبکہ اسلم کو گھاٹیوں میں رہنے کا جو آپ صلی اللہ علیہ وسلم نے حکم دیا تھا وہ مذموم اعرابیت اس لیے نہیں کہ انہیں جب بھی بلایا جاتا وہ آتے گویا وہ حاضرین کی طرح ہی تھے۔ اللہ نے بھی اعراب کی دو قسمیں ذکر کی ہیں ایک قابل مذمت دوسری قابل تعریف ان کو ایمان سے متصف قرار دیا ہے۔ قابل مذمت اعرابیوں کے بارے میں فرمایا گیا ہے کہ وہ کفر و نفاق میں شدید ہیں انہیں اللہ کی حدود سے آگاہ نہ کرنا زیادہ بہتر ہے۔ اور قابل تعریف اعرابیوں کے بارے میں ارشاد ہے۔

﴿وَمِنَ الْاَعْرَابِ مَنْ يُّؤْمِنُ بِاللّٰهِ وَالْيَوْمِ الْاٰخِرِ وَيَتَّخِذُ مَا يُنْفِقُ قُرُبٰتٍ عِنْدَاللّٰهِ وَصَلَوٰتِ الرَّسُوْلِ اَلَآ اِنَّهَا قُرْبَةٌ لَّهُمْ سَيُدْخِلُهُمُ اللّٰهُ فِيْ رَحْمَتِهٖ اِنَّ اللّٰهَ غَفُوْرٌ رَّحِيْمٌ﴾ (التوبہ:99)

''اعرابیوں میں سے کچھ ایسے بھی ہیں جو اللہ اور یوم آخرت پر ایمان رکھتے ہیں اور جو خرچ کرتے ہیں اسے اللہ کے قرب کا ذریعہ بناتے ہیں انہیں عنقریب اللہ اپنی رحمت میں داخل کرے گا اللہ بخشنے والا رحم کرنے والا ہے''۔

جو اعراب قابل مذمت تھے یہ وہ لوگ تھے جو نبی صلی اللہ علیہ وسلم کے پاس سے غائب رہتے تھے

آپ صلی اللہ علیہ وسلم پر نازل ہونے والے احکامات سے لاعلم رہتے تھے ان فرائض سے بھی نابلد ہوتے تھے جو نبی صلی اللہ علیہ وسلم کی زبانی مسلمانوں کے لئے جاری ہوتے تھے جبکہ اس کے برعکس وہ اعراب بھی تھے جن کی مدح وستائش اللہ نے اس آیت میں کی ہے اسلمی بھی ان اعراب میں شامل تھے جو قابل تعریف ہیں وہ آپ صلی اللہ علیہ وسلم کے پاس ہر وقت حاضر رہنے کے لئے تیار تھے جیسے کے غائب ہوئے ہی نہیں۔

اسی وجہ سے اس مسئلہ میں اختلاف ہے کہ مدینہ سے ہجرت کر کے جانے والے مناسک حج کی ادائیگی کے بعد تین دن سے زیادہ رہ سکتے ہیں یا نہیں بخاری ومسلم میں حدیث ہے۔

علاء بن حضرمی رضی اللہ عنہ سے روایت ہے نبی صلی اللہ علیہ وسلم نے فرمایا۔((للمهاجر ثلاث بعد الصدر من مكة)) مکہ سے جانے والے مہاجر کو تین دن رہنے کی اجازت ہے۔یعنی اس سے زیادہ کی نہیں ہے۔اس سے ثابت ہوتا ہے کہ مہاجر کے لئے اپنے وطن واپس آنے اور وہاں رہنے کی اجازت نہیں ہے مگر یہ فتح مکہ سے قبل تھا جب مکہ فتح ہوا اور وہ دارالاسلام بن گیا تو اب علماء کا اس میں اختلاف ہے مزید تفصیل کے بخاری مناقب الانصار ملاحظہ کی جاسکتی ہے جس میں باب ہے۔((اقامة المهاجر بمكة بعد انقضاء نسكه)) مسلم میں ہے۔

((باب جواز الاقامة بمكة للمهاجر)) ابن حزم رحمہ اللہ کہتے ہیں۔

امام مالک رحمہ اللہ، شافعی رحمہ اللہ اور ان کے مقلدین کے لئے یہ حدیث دلیل ہے جو علاء بن حضرمی رضی اللہ عنہ سے روایت ہے۔((يمكث المهاجر بعد انقضاء نسكه ثلاثاً))

علماء کہتے ہیں کہ نبی صلی اللہ علیہ وسلم مہاجرین کے لئے مکہ میں ٹھہرنا پسند نہیں کرتے تھے جبکہ وہ دین کی خاطر اپنا وطن چھوڑ کر جاچکے تھے پھر آپ صلی اللہ علیہ وسلم نے ان کو نسک کی ادائیگی کے بعد تین دن تک رہنے کی اجازت دی اس سے معلوم ہوتا ہے کہ (منع کی وجہ یہ ہے) کہ واپس آنے والا دوبارہ ان خرابیوں میں مبتلا نہ ہو جائے جن کی وجہ سے وہ دارالکفر یا دارالحرب کو چھوڑ کر گیا تھا۔

ہجرت نہ کرنے سے کیا ہوتا ہے؟

منکرات کو دیکھنا پڑتا ہے۔معصیات اور برائیاں کرنے والوں کے ساتھ رہنا۔ان سے دوستی کرنا ان کے لئے اخلاق کا مظاہرہ کرنا۔ان کی وجہ سے انسان شر کی طرف جا سکتا ہے اس لیے کہ معصیات کے مرتکب اپنے درمیان اس شخص کو پسند نہیں کرتے جو ان کے ساتھ برائیوں میں شریک نہ ہو لہٰذا ان کے ساتھ رہنے سے ان کی رضامندی اور خواہشات کا احترام کرنا پڑے گا۔اگر ہجرت کر لی تو ان تمام خرابیوں اور اندیشوں سے نجات مل جائے گی۔

کوئی علاقہ دارالکفر ،دارالایمان یا دارالفاسقین کیسے بنتا ہے؟

یہ صفات کسی علاقے کی ذاتی صفات نہیں ہیں بلکہ وہاں کے باشندوں کے اعمال کی بنا پر کوئی علاقہ دارالکفر بنتا ہے یا دارالایمان یا دارالفاسقین ۔جس علاقے کے رہنے والے مؤمن متقی ہوں اللہ کی شریعت کے مطابق حکومت کرتے ہوں۔فیصلے کرتے ہوں تو اس زمانے میں وہ داراولیاءاللہ ہے۔اور جس ملک یا علاقے کے باشندے کافر ہوں یا اسلام کے علاوہ کسی اور قانون کے مطابق حکومت کرتے ہوں ،فیصلے کرتے ہوں تو وہ اس دور کا دارالکفر ہے۔اسی طرح جس ملک ۔شہر یا علاقے کے لوگ فاسق و نافرمان ہوں تو وہ اس دور کا دارالفسق ہے۔اگر ان مذکورہ لوگوں میں سے جس نے اپنے اندر تبدیلی اور دوسری صفات اپنائیں تو اس علاقے کا نام بھی بدل جائے گا۔جس طرح ایک مسجد ہے اگر اسے کسی (اللہ کے دشمن نے) شراب خانے میں بدل دیا یا اسے گرجا میں تبدیل کر دیا تو اب وہ مسجد نہیں کہلائے گی ۔اسی طرح اگر کوئی گناہ کی جگہ،شراب خانہ وغیرہ کو مسجد میں تبدیل کر دیا گیا تو اب وہ شراب خانہ نہیں کہلائے گا۔اسی طرح اگر کوئی نیک اور صالح آدمی فاسق بن جائے تو وہ نیک نہیں کہلائے گا ۔اسی طرح اگر کوئی کافر مومن بن جائے تو وہ کافر نہیں کہلائے گا۔اسی طرح حالت کے بدلنے سے نام بدل جاتا ہے۔

جیسا کہ اللہ تعالیٰ نے مثال دی ہے۔

﴿وَضَرَبَ اللّٰهُ مَثَلًا قَرْيَةً كَانَتْ اٰمِنَةً مُّطْمَئِنَّةً﴾ (النحل:112)

ایک بستی تھی جو پرسکون اور مطمئن تھی یہ مکہ کے بارے میں جب وہ دارالکفر تھا پھر بھی ساری دنیا سے بہتر تھا اللہ کو پسند تھا۔اس کے باشندے مراد ہیں۔

ترمذی میں مرفوع حدیث ہے نبی صلی اللہ علیہ وسلم اونٹنی پر تھے مکہ کو مخاطب کر کے فرمایا۔اللہ کی قسم تو اللہ کی زمین کا بہترین حصہ ہے اللہ کو پسند ہے اگر میری قوم مجھے نہ نکالتی تو میں کبھی نہ نکلتا نبی صلی اللہ علیہ وسلم نے بتا دیا کہ زمین کا یہ حصہ اللہ اور اس کے رسول صلی اللہ علیہ وسلم کو بہت پسند ہے جبکہ آپ صلی اللہ علیہ وسلم کی رہائش مدینہ میں تھی۔لہذا کسی بھی مسلمان مہاجر کو یہ نہیں پوچھنا چاہیے کہ میں بہترین جگہ سے کمترین جگہ کی طرف کیسے ہجرت کرلوں؟ دراصل اعتبار بہتر اور کمتر جگہ کا نہیں ہے اس لیے کہ مکہ جیسے بہترین اللہ کے پسندیدہ مقام سے نبی صلی اللہ علیہ وسلم نے ہجرت کرنے کا حکم دیا جبکہ مدینہ اس کی بنسبت کم درجہ کا تھا لہذا کسی شہر یا ملک یا علاقے پر اچھے برے کا حکم اس کی صفت کی وجہ سے لگایا جائے گا جو اس وقت میں پائی جائے گی بری صفت کسی بھی وقت اللہ کے حکم سے اچھی صفت میں بدل سکتی ہے۔

ابن العربی رحمہ اللہ کے کلام کہ مکہ قیامت تک دارالاسلام رہے گا کا کوئی اعتبار نہیں ہے اس لیے کہ ان کا اس قول پر دلیل نہیں ہے نہ ہی صحابہ رضی اللہ عنہم سے منقول ہے نہ کسی صحابی سے اس طرح کا قول مشہور ہوا ہے نہ سلف صالحین یا ان کے بعد کسی نے کہا ہے۔مکہ کو اللہ نے اسلام کی وجہ سے عزت دی اور اللہ اس عزت کو برقرار رکھے اگر اسلام کے بغیر ہی وہ ایسا تھا تو مسلمان فوجوں نے کیوں اس پر چڑھائی کی وہ کسی وقت دارالکفر تھا پھر دارالاسلام بنا۔اسلام کی بنا پر قابل احترام ہے۔

خاتمہ

دارالاسلام وہ ہوگا جس میں اسلامی احکام بغیر کسی آمیزش کے نافذ ہوں اور دارالکفر وہ ہے جس میں کفر کے احکام اسلامی احکام پر غالب ہوں۔دارالحرب وہ ہے جس میں مومنوں اور کافروں کے درمیان جنگ ہو دارالمرکبۃ وہ ہے جس کے باشندے مسلمان ہوں اور حکمران اسلام کے احکامات کو نافذ کرتے ہوں جو ان کی سیاست کی راہ میں رکاوٹ نہ ڈالتے ہوں ان کے ظالمانہ جابرانہ اقتدار کے لیے خطرہ نہ ہوں خلاف نہ ہوں۔اسی طرح ہجرت کا حکم باقی ہے جب بھی اس کا تقاضا ہوگا ہجرت کی جائے گی۔اس کے نسخ کا دعوی باطل ہے صحیح نہیں ہے احادیث میں کوئی تعارض نہیں ہے جو لوگ تعارض تلاش کرتے ہیں وہ ناحق تکلف سے کام لے رہے ہیں۔ہجرت ہر اس شخص پر واجب ہے جس کا تذکرہ پہلے ہو چکا ہے کہ اپنے دین کا اظہار نہ کرسکتا ہو اور ہجرت کرنا ممکن ہو اور وہ جہاں وہ رہا ہو وہ دارالکفر ہو یا دارالحرب اگر وہ دارالمرکبۃ میں ہے اور اس کی ہجرت سے مسلمانوں کے کثرت نصرت وغلبہ میں ۔ان کی قوت میں اضافہ ہوتا ہو اور یہ دارالمرکبۃ میں اپنے دین کے اظہار کی استطاعت نہ رکھتا ہو اور اسے یقین ہو کہ ہجرت کرنے کے بعد دارالمہاجرین میں اللہ کے دین پر عمل کر سکے گا وہاں اسلامی احکام غالب و نافذ ہیں تو اس شخص پر ہجرت واجب ہے(دلائل پہلے ذکر ہو چکے ہیں)اور اگر یہ تمام باتیں نہ ہوں تو پھر ہجرت واجب نہیں البتہ سنت اور مستحب مندوب ہے۔دین کے اظہار کی شرط کے بغیر اس لیے کہ دین کی اظہار کا ایک ہی معنی ومطلب ہے وہ یہ کہ کفار سے برأت وبیزاری کا اعلان ان کو کافر سمجھنا ان سے دشمنی ونفرت کا اظہار کرنا ان کو اور ان کے دین کو معیوب سمجھنا ان کے ساتھ دوستی کرنے والے ان کا ساتھ دینے والے سے بھی برأت کا اعلان کرنا اگر یہ سب کچھ نہیں تو دین کا اظہار نہیں ہے بلکہ دین اور اس کے نقوش کو مٹانا ہے۔س مسئلے کی تحقیق اور اس میں بحث ضروری ہے جس کے بارے میں

معلومات حاصل کرنا اہم ہے وہ ہے دارالمرکبۃ کا مسئلہ کہ اس سے ہجرت کرنے سے قابل تعریف و مدح نتیجہ برآمد نہیں ہوتا سوائے اس کے کہ ایک علاقہ طواغیت کے لیے خالی چھوڑ دیا وہ اس میں جو چاہیں کرتے پھریں ہر قسم کی نافرمانیاں عام کر دیں۔ خاص کر یہ بھی یاد رہے کہ بعض شوافع (اس جگہ سے) ہجرت کو حرام قرار دیتے ہیں جہاں مسلمان اپنے دین کی حفاظت کر سکتا ہو دارالحرب میں ہو مگر دین کا اظہار کر سکتا ہو کسی علیحدہ مقام میں رہ سکتا ہو کفار سے محفوظ ہو تو ایسے شخص پر ہجرت حرام ہے اس لیے کہ اس کا علیحدہ محفوظ مکان دارالاسلام ہے اگر اس نے ہجرت کر لی تو پورا علاقہ دارالکفر بن جائے گا۔ جب کوئی مسلمان کسی محفوظ جگہ میں اپنے دین کا اظہار کر سکتا ہو تو وہ جگہ دارالاسلام ہے۔ پہلے شہاب الدین دیلمی کا اہل ارغون کے بارے میں فتوی گزر چکا ہے۔ مسلمان کو چاہیے کہ جہاں تک ممکن ہو تو تحقیق کرنی چاہیے۔ صحیح مسئلہ معلوم کرنا چاہیے اور پھر اس پر عمل پیرا ہونا چاہیے۔

وآخر دعوانا ان الحمد للّٰہِ رب العالمین وصلی اللہ علیہ وسلم۔

●

ادارہ فتاوی

”تکفیر معین“

فضیلۃ الشیخ عبداللہ السعد حفظہ اللہ

سوال: تکفیر معین کی شرائط کیا ہیں؟

جواب: تکفیر یا عمومی لحاظ سے ہوتا ہے یا تعین کے طور پر۔ بعض ناسمجھ لوگوں کا خیال ہے کہ کسی کو معین کر کے کافر نہیں کہا جاسکتا۔ مگر یہ بات ان کی غلط ہے جب دلائل سے ثابت ہوجائے کہ فلاں شخص نے کفریہ فعل کیا ہے یا قول منہ سے ادا کیا ہے تو اس شخص کو مرتد اور کافر کہنا ضروری ہوجاتا ہے اس پر حجت قائم ہوجائے اس فعل وعمل میں تو بلاشک وشبہ اس پر کفر وارتداد کا حکم لگایا جائے گا اس مسئلہ میں بہت زیادہ تفصیل ہے ہم چند مثالوں سے اس تفصیل کی وضاحت کرتے ہیں۔

مثلاً اگر کوئی انسان دین کا مذاق اڑاتا ہے اللہ رب العالمین کو گالی دیتا ہے تو ایسا شخص کافر ہے ہم یہ نہیں کہیں گے کہ اس پر حجت قائم کرنی ہے اس لئے کہ اس پر حجت قائم ہوچکی ہے کیونکہ ہر انسان کو معلوم ہے کہ اللہ تعالیٰ کو گالیاں دینا بڑا گناہ ہے اتنا بڑا گناہ کہ کوئی انسان اس سے لاعلم ہی نہیں رہ سکتا ۔توحید کے علاوہ کچھ گناہ ایسے ہیں کہ ان میں حجت قائم کرنا ضروری ہوتا ہے مثلاً کوئی ایسا شخص مسلمان ہوتا ہے جو صحراء کا باشندہ تھا اسے معلوم نہیں تھا کہ شراب حرام ہے تو اس شخص پر حجت قائم کرنا ضروری

ہے اس لیے کہ ایسے حالات میں ممکن ہے کہ اس شخص کو شراب کی حرمت کا علم نہ ہو اس لیے کہ آبادی سے دور صحرائی باشندہ ہے۔ یا کوئی انسان ایسی جگہ رہتا ہے جو مسلمانوں سے بہت دور ہے تو وہ بہت سی ایسی مشہور باتوں سے لاعلم ہو سکتا ہے جو دین کی ضروریات میں سے ہیں ایسے میں قیام حجت ضروری ہے اس کے بعد بھی اگر وہ اسلام سے عناد رکھتا ہے تو وہ کافر ہے۔

مثلاً ایک آدمی نہیں جانتا کہ ترکِ نماز کفر ہے تو ایسے شخص پر حجت قائم کرنا ضروری ہے۔ مگر جو شخص مسلمانوں کے درمیان رہتا ہو تو غالب گمان ہے کہ وہ اس مسئلہ سے واقف ہوگا کہ نماز ترک کرنا کفر ہے لہٰذا ایسا شخص اگر نماز ترک کرے گا تو وہ کافر ہوگا۔

●

کیا کوئی شہر دار السلام سے دار الکفر بنا سکتا ہے؟

شیخ الاسلام حمد بن عتیق رحمہ اللہ

اہل مکہ اور شہر مکہ کے بارے میں کسی نے شیخ حمد بن عتیق رحمہ اللہ سے مذکورہ سوال کیا اس کے جواب میں شیخ رحمہ اللہ نے فرمایا:

اللہ نے محمد صلی اللہ علیہ وسلم کو توحید دیکر بھیجا وہ توحید جو تمام رسولوں کا دین ہے اس توحید کی حقیقت کلمہ لا الہ الا اللہ سے واضح وثابت ہوتی ہے یعنی ایک اللہ کو تمام مخلوق کا معبود سمجھنا اس کے علاوہ کسی قسم کی عبادت کسی کے لیے نہ کرنا اور یہ کہ عبادت کا مغز دعا ہے عبادت میں امید، خوف، توکل،

رجوع، ذبح، نماز وغیرہ بھی شامل ہیں۔ ہر عمل کی صحت کے لئے یہ عقیدہ شرط اولین اور پہلا اصول ہے ۔دوسرا اصول ہے کہ محمد رسول اللہ صلی اللہ علیہ وسلم کی اطاعت کرنی اور ہر چھوٹے بڑے معاملے میں آپ صلی اللہ علیہ وسلم کی تحکیم کو تسلیم کرنا۔آپ صلی اللہ علیہ وسلم کی شریعت اور دین کی تعظیم۔دین کے اصول وفروع دونوں میں آپ صلی اللہ علیہ وسلم کے احکام ماننا۔

پہلا اصول شرک کی نفی کرتا ہے۔شرک کی موجودگی میں یہ اصول نہیں پایا جاتا۔دوسرا اصول بدعت کی نفی کرتا ہے۔ بدعت کی موجودگی میں یہ دوسرا اصول قائم نہیں رہ سکتا۔ جب یہ دونوں اصول علم وعمل دونوں طرح سے ثابت ہو جائیں اور ان کی دعوت بھی دی جاتی رہے اور یہ اصول کسی شہر کا دین قرار پاجائیں یعنی اس شہر کے باشندے ان پر عمل کریں اور دوسروں کو بھی عمل کی دعوت دیں اور جو بھی ان اصولوں کو اپنائیں یہ شہر والے ان سے دوستی رکھیں ان اصولوں کی مخالفت کرنے والوں سے دشمنی کریں تو یہ لوگ موحد کہلائیں گے اور اگر شرک بہت زیادہ پھیل جائے کہ کعبہ، مقامِ ابراہیم، حطیم وغیرہ کو پکارا جائے یا انبیاء وصالحین سے دعائیں مانگی جائیں۔شرک کے نتائج وعواقب بھی عام ہو جائیں جیسے زنا۔سود۔ظلم۔سنتوں سے روگردانی۔بدعات وگمراہیوں کی کثرت تحکیم ظالم ائمہ کے پاس آجائے یا مشرک نوابوں کے پاس دعوت قرآن وسنت کے علاوہ دوسری چیزوں کی دیجاتی رہے یہ کام جس شہر میں بھی ہوں تو ادنیٰ علم والا بھی سمجھ سکتا ہے کہ یہ شہر کفر وشرک کا شہر کہلائے گا خاص کر جب اس کے باشندے توحید سے دشمنی رکھتے ہوں ان کے دین کو ختم کرنے پر تلے ہوئے ہوں اسلامی ممالک کے خلاف سازشیں کررہے ہوں۔اگر کسی کو ہماری ان باتوں کے دلائل چاہئیں تو قرآن میں بے شمار آیات ہیں جو ہماری بات کی صحت پر دلالت کرتی ہیں۔علماء نے اس پر اتفاق کیا ہے ہر عالم کو معلوم ہے کہ یہ دین کے لوازمات میں سے ہیں۔ جہاں تک تعلق ہے شرک کا (کہ فلاں شہر میں شرک بھی ہے) تو شرک آفاقی مسئلہ ہے کسی خاص شہر کا نہیں ہے لہٰذا اس کے بارے میں کہا جاسکتا ہے یہ لایعنی اعتراض ہے یا معلومات کی کمی ہے اس لیے کہ دنیا کے لوگ اہل مکہ کے تابع ہیں۔کعبہ، مقام ابراہیم، حطیم میں دعا کرنے میں جیسا کہ ہر شخص جانتا ہے۔ ہر موحد اس سے باخبر ہے۔دوسری بات یہ ہے کہ جب سب

کو معلوم ہے کہ اہل مکہ کے بارے میں جو ابھی ہم نے کہا ہے یہ مسئلہ کی وضاحت کے لئے کافی ہے اب اہل مکہ اور دوسروں کے درمیان فرق کرنا کیا معنی رکھتا ہے؟ البتہ جن ممالک میں مسلمان اپنا توحید چھپا رکھتے ہوں اپنے دین کے اظہار کی جراءت نہیں کر سکتے نمازیں چھپ کر پڑھتے ہیں اس لیے کہ انہیں معلوم ہے کہ اس ملک یا شہر کے لوگ دین اسلام سے دشمنی رکھتے ہیں تو ایسے ملک یا شہر والوں کے بارے میں حکم لگانا۔ فتویٰ دینا کیا مشکل ہے؟ اگر کوئی شخص کعبہ کو پکارتا ہے یا حطیم یا مقام ابراہیم کو پکارتا ہے یا رسول صلی اللہ علیہ وسلم یا صحابہ کرام رضی اللہ عنہم کو پکارتا ہے تو آج کل کوئی مسلمان اس کو کہہ سکتا ہے کہ غیر اللہ کو مت پکارو؟ یا کہہ سکتا ہے کہ تم مشرک ہو؟ اگر کوئی شخص یہ بات کہہ بھی دے تو کیا وہ پکارنے والا اس کہنے والے کی بات برداشت کرتا ہے؟ یا اس کی مخالفت پر کمر بستہ ہو جاتا ہے؟ اگر ان مذکورہ اشیاء کو پکارنے والا سمجھانے والے کی بات نہیں مانتا تو سمجھ جانا چاہیے کہ وہ توحید پر قائم بھی نہیں اور توحید کو رسول اللہ صلی اللہ علیہ وسلم کے دین کو سمجھا بھی نہیں اگر ان لوگوں سے کوئی یہ کہدے کہ اپنی اس (مشرکانہ) روش سے باز آجاؤ قبروں پر بنائے ہوئے قبے مسمار کر دو۔ غیر اللہ کو پکارنا حرام ہے۔ کیا خیال ہے کہ یہ لوگ اس شخص کے ساتھ وہ سلوک نہیں کریں گے جو قریش نے نبی صلی اللہ علیہ وسلم کے ساتھ کیا تھا؟

جب کوئی ملک دارالاسلام ہو تو ممکن ہے کہ اس میں اسلام کی دعوت نہ دی جاسکتی ہو؟ قبے اور مزارات کے خاتمے کا حکم نہ دیا جاسکتا ہو؟ شرک اور اس کے لوازمات سے منع نہ کیا جاسکتا ہو؟ اگر کسی کو اس بات سے مکہ کے دارالاسلام ہونے کا شبہ ہوتا ہو کہ اس کے رہنے والے نمازیں پڑھتے ہیں روزے رکھتے ہیں حج کرتے ہیں تو اس کو چاہیے کہ سب سے پہلی اور بنیادی چیز کے بارے میں سوچنا چاہیے کہ وہ اس شہر کے باشندوں میں ہے یا نہیں وہ بنیادی چیز ہے توحید جو مکہ میں اسماعیل علیہ السلام کی دعوت کی وجہ سے پختہ ہوا تھا اور اہل مکہ کافی عرصے تک توحید پر قائم رہے مگر پھر اس میں عمرو بن لحی کی وجہ سے شرک پھیل گیا اور اہل مکہ مشرک بن گئے یہ علاقہ شرک کا علاقہ بن گیا اگرچہ ان میں دین کے کچھ امور بھی باقی رہے مثلاً حج۔ صدقات وغیرہ مگر چیزیں انہیں کافر کہلانے سے نہ بچاسکیں۔ جبکہ موجودہ دور

میں ہماری اور کچھ دیگر لوگوں کی رائے میں ان کا شرک اُس زمانے کے شرک سے بڑھکر ہے۔

آدم علیہ السلام کے بعد زمین میں رہنے والے انسان دس صدیوں تک توحید پر قائم رہے پھر صالحین سے متعلق ان لوگوں میں غلو پیدا ہو گیا اور وہ لوگ اللہ کے ساتھ ساتھ صالحین کو بھی پکارنے لگے اس طرح وہ لوگ کافر بن گئے پھر اللہ نے ان کی طرف جناب نوح علیہ السلام کو بھیجا جو انہیں توحید کی طرف دعوت دیتے رہے۔ اسی طرح ہود علیہ السلام کے بارے میں (قرآن میں) مذکور ہے کہ انہوں نے بھی لوگوں کو ایک اللہ کی عبادت کی طرف دعوت دی اس لیے کہ وہ لوگ عبادت میں ہود سے اختلاف نہیں کر رہے تھے صرف ایک اللہ کی عبادت کرنا نہیں چاہتے تھے۔ اسی طرح ابراہیم علیہ السلام نے اپنی قوم کو خالص توحید کی طرف بلایا حالانکہ وہ لوگ اللہ کی الوہیت کے قائل تھے۔ خلاصہ کلام یہ ہے کہ جب کسی شہر میں غیر اللہ کو پکارا جائے اور شرک کے دیگر لوازمات اپنائیں جائیں اور وہاں کے باشندے ان چیزوں پر مداومت کریں ان کے لئے جنگیں کریں اور اہل توحید کی دشمنی پر کمر بستہ رہیں دین کی تابعداری سے انکار کر دیں تو اس شہر کے بارے میں کیسے نہ کہا جائے کہ وہ کفر کا شہر ہے اگر چہ وہ کفر کی طرف منسوب نہ بھی ہوں اور کفار سے براءت بھی کرتے ہوں انہیں برا بھلا بھی کہتے ہوں کفر اپنانے والوں غلط بھی سمجھتے ہوں انہیں کفار وخوارج بھی کہتے ہوں یہ سب چیزیں اگر چہ موجود ہوں یہ ایک عام مسئلہ ہے۔ اور جہاں تک انفرادی یا جزوی فیصلوں کا تعلق ہے تو ان کے بارے میں ہم یہ کہہ سکتے ہیں کہ جب کوئی مسلم اہل شرک سے دوستی کرے ان کی اطاعت وفرمانبرداری کرے تو وہ دین سے مرتد ہو جاتا ہے۔

اللہ تعالیٰ کا یہ فرمان قابل غور ہے:

اِنَّ الَّذِیْنَ ارْتَدُّوْا عَلٰٓی اَدْبَارِهِمْ مِّنْ بَعْدِ مَا تَبَیَّنَ لَهُمُ الْهُدَی الشَّیْطٰنُ سَوَّلَ لَهُمْ وَاَمْلٰی لَهُمْ ۔(محمد: ۲۵)

"جو لوگ پیٹھ پھیر کر مرتد ہو گئے جبکہ ان کے سامنے ہدایت واضح ہو گئی تھی۔ شیطان نے ان کے سامنے یہ کام مزین کیا اور انہیں امیدیں دلائیں۔"

دوسرا فرمان ہے:

وَمَنْ يَتَوَلَّهُمْ مِّنْكُمْ فَإِنَّهُ مِنْهُمْ (مائدہ: ۵۱)

''جس نے تم میں سے ان کفار سے دوستی کی وہ انہی میں سے ہے۔''

اسی طرح کی بہت سی آیات و دلائل ہیں جیسا کہ سورہ توبہ میں ارشاد ہے:

لَا تَعْتَذِرُوا قَدْ كَفَرْتُمْ بَعْدَ إِيمَانِكُمْ (توبۃ: ۶۵)

''بہانے مت بناؤ تم ایمان لانے کے بعد کافر ہو چکے ہو۔''

وَلَقَدْ قَالُوا كَلِمَةَ الْكُفْرِ (توبۃ: ۸۴)

''یہ کفریہ کلمہ کہہ چکے ہیں۔''

وَلَا يَأْمُرَكُمْ أَنْ تَتَّخِذُوا الْمَلَائِكَةَ وَالنَّبِيِّينَ أَرْبَابًا أَيَأْمُرُكُمْ بِالْكُفْرِ بَعْدَ إِذْ أَنْتُمْ مُّسْلِمُونَ. (آل عمران: ۸۰)

''اللہ تمہیں اس بات کا حکم نہیں کرتا کہ تم فرشتوں اور انبیاء کو رب بناؤ کیا وہ اللہ تمہیں کفر کا حکم دے گا جبکہ تم مسلمان ہو؟''

ارشاد ہے۔

وَإِذَا تُتْلَىٰ عَلَيْهِمْ آيَاتُنَا بَيِّنَاتٍ تَعْرِفُ فِي وُجُوهِ الَّذِينَ كَفَرُوا الْمُنْكَرَ يَكَادُونَ يَسْطُونَ بِالَّذِينَ يَتْلُونَ عَلَيْهِمْ آيَاتِنَا. (الحج: ۷۲)

''جب ان پر ہماری آیات پڑھی جاتی ہیں واضح طور پر تو تم دیکھو گے کافروں کے چہروں پر نفرت۔ قریب ہے کہ یہ ان لوگوں پر حملہ کردیں جو ان پر ہماری آیات پڑھتے ہیں۔''

واللہ اعلم!